Uso de la dotación básica del restaurante y asistencia en el preservicio

José García Azcona

María Isabel Martínez Vera

ic editorial

Uso de la dotación básica del restaurante y asistencia en el preservicio
© José García Azcona
© María Isabel Martínez Vera

Colaborador: Lidia Rey Acosta

1ª Edición

© IC Editorial, 2025

Editado por: IC Editorial
c/ Cueva de Viera, 2, Local 3
Centro Negocios CADI
29200 Antequera (Málaga)
Teléfono: 952 70 60 04
Fax: 952 84 55 03
Correo electrónico: iceditorial@iceditorial.com
Internet: www.iceditorial.com

ISBN: 978-84-1184-733-9
Depósito Legal: MA 582-2025

Impresión: PODiPrint
Impreso en Andalucía – España

Nota de la editorial: IC Editorial pertenece a Innovación y Cualificación S. L.

Presentación del manual

El **Certificado de Profesionalidad** es el instrumento de acreditación, en el ámbito de la Administración laboral, de las cualificaciones profesionales del Catálogo Nacional de Cualificaciones Profesionales adquiridas a través de procesos formativos o del proceso de reconocimiento de la experiencia laboral y de vías no formales de formación.

El elemento mínimo acreditable es la **Unidad de Competencia**. La suma de las acreditaciones de las unidades de competencia conforma la acreditación de la competencia general.

Una **Unidad de Competencia** se define como una agrupación de tareas productivas específica que realiza el profesional. Las diferentes unidades de competencia de un certificado de profesionalidad conforman la **Competencia General**, definiendo el conjunto de conocimientos y capacidades que permiten el ejercicio de una actividad profesional determinada.

Cada **Unidad de Competencia** lleva asociado un **Módulo Formativo**, donde se describe la formación necesaria para adquirir esa **Unidad de Competencia**, pudiendo dividirse en **Unidades Formativas**.

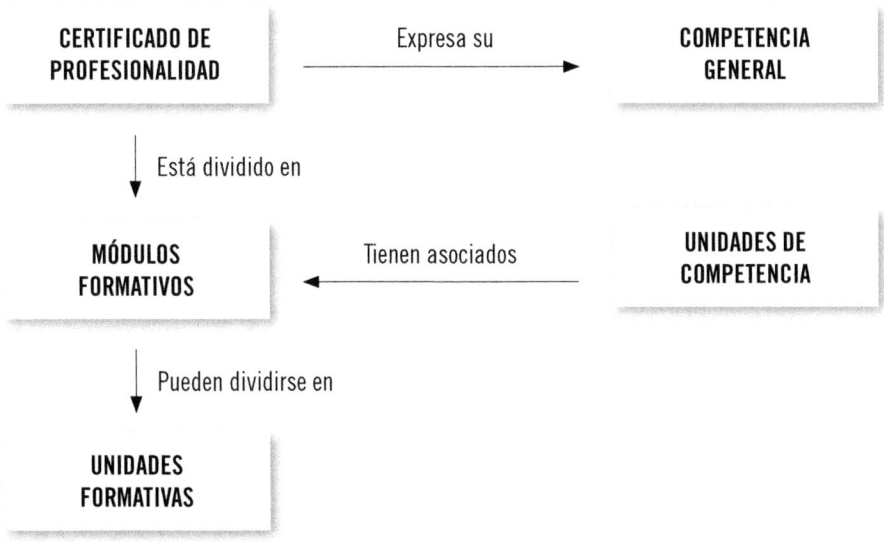

El presente manual desarrolla la Unidad Formativa **UF0058: Uso de la dotación básica del restaurante y asistencia en el preservicio,**

perteneciente al Módulo Formativo **MF0257_1: Servicio básico de restaurante-bar,**

asociado a la unidad de competencia **UC0257_1: Asistir en el servicio de alimentos y bebidas,**

del Certificado de Profesionalidad **Operaciones básicas de restaurante y bar**

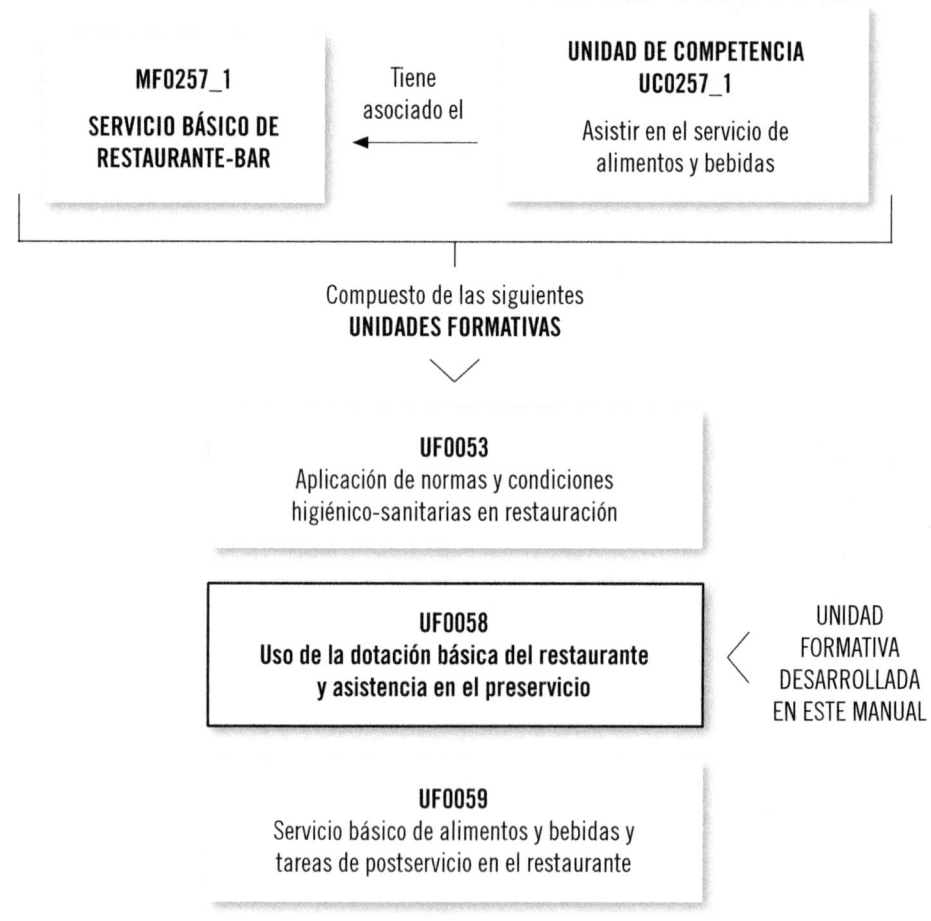

FICHA DE CERTIFICADO DE PROFESIONALIDAD

(HOTR0208) OPERACIONES BÁSICAS DE RESTAURANTE Y BAR (Real Decreto 1376/2008, de 1 de agosto, modificado por el Real Decreto 619/2013, de 2 de agosto)

COMPETENCIA GENERAL: Asistir en el servicio y preparar y presentar bebidas sencillas y comidas rápidas, ejecutando y aplicando operaciones, técnicas y normas básicas de manipulación, preparación y conservación de alimentos y bebidas

Cualificación profesional de referencia		Unidades de competencia	Ocupaciones o puestos de trabajo relacionados:
HOT092_1 OPERACIONES BÁSICAS DE RESTAURANTE Y BAR	UC0257_1	Asistir en el servicio de alimentos y bebidas	• Ayudante de camarero • Ayudante de bar • Ayudante de economato • Auxiliar de colectividades • Empleado de pequeño establecimiento de restauración
(RD 295/2004, de 20 de febrero de 2007)	UC0258_1	Ejecutar operaciones básicas de aprovisionamiento, y preparar y presentar bebidas sencillas y comidas rápidas	

Correspondiencia con el Catálogo Modular de Formación Profesional

Módulos certificado	Unidades formativas	Horas U.F.
MF0257_1: Servicio básico de restaurante-bar	UF0053: Aplicación de normas y condiciones higiénico-sanitarias en restauración	30
	UF0058: Uso de la dotación básica del restaurante y asistencia en el preservicio	30
	UF0059: Servicio básico de alimentos y bebidas y tareas de postservicio en el restaurante	60
MF0258_1: Aprovisionamiento, bebidas y comidas rápidas	UF0053: Aplicación de normas y condiciones higiénico-sanitarias en restauración	30
	UF0060: Aprovisionamiento y almacenaje de alimentos y bebidas en el bar	30
	UF0061: Preparación y servicio de bebidas y comidas rápidas en el bar	60
MP0015: Módulo de prácticas profesionales no laborales		80

Índice

Capítulo 1

El restaurante tradicional como establecimiento y como departamento

Contenido

1. Introducción

La Real Academia de la Lengua recoge desde sus principios el término restauración como "la acción y efecto de restaurar", aunque hoy en día, también aparece con la acepción de "actividad de quien tiene o explota un restaurante".

El término restauración o *food service* (denominación internacional) es un vocablo utilizado por los profesionales del sector de la hostelería desde finales del siglo XX, empezándose a llamar restaurador al encargado o dueño de un restaurante.

La palabra restauración engloba a todos aquellos establecimientos que proporcionan, tanto a los viajeros como a los residentes, servicios de alimentos y bebidas, por lo que podemos deducir que abarca una amplia variedad de establecimientos. En esta definición se incluyen tanto los restaurantes, cafeterías y bares tradicionales, como la nueva forma de restauración: *self-services, fast food, take away,* etc.

2. Definición de restaurante

La industria de la restauración vive un continuo y progresivo crecimiento, produciéndose una importante transformación del sector, adaptando todos los elementos que conllevan el servicio de alimentos y bebidas para satisfacer las necesidades de la sociedad actual, provocadas estas principalmente por los nuevos hábitos sociales, las circunstancias económicas y los avances tecnológicos que se están produciendo continuamente.

Las empresas de restauración tradicional se caracterizan por el escaso empleo de técnicas de gestión y la poca implantación de los avances técnicos tanto en materias primas como en equipos, aunque en los últimos años se van utilizando más las nuevas tecnologías y tendencias que existen en el mercado. En su oferta priman las elaboraciones tradicionales a base de productos frescos y el servicio directo, personal y familiar. Dentro de este grupo se podría destacar los establecimientos conocidos como **restaurantes.**

Sabía que...

Según cuenta la historia, un mesonero francés al inaugurar la que se podría considerar la primera casa de comidas, puso un eslogan en la entrada, que rezaba en latín: "Venid a mí todos los de estómago cansado y yo os lo restauraré". De esa última palabra derivaría el término "restaurante".

Los restaurantes están representados por los establecimientos que, cualquiera que sea su denominación, sirvan al público, mediante precio, comidas y bebidas para ser consumidas en el mismo local.

No obstante, se excluirán las siguientes actividades o modalidades:

- Las cafeterías que se rigen bajo una ordenación específica.
- Los comedores universitarios, las cantinas escolares, los comedores para trabajadores de una empresa, así como todo establecimiento dedicado únicamente a servir comidas y bebidas a contingentes particulares.
- Los servicios de comidas y bebidas facilitadas en los comedores de los establecimientos hoteleros, tanto a sus huéspedes como al público en general, los cuales estarán sujetos a lo dispuesto para los mismos en las normas vigentes para la industria hotelera.

Recuerda que no todos los establecimientos que sirven comidas y bebidas son denominados restaurantes, sirvan como ejemplo los comedores escolares, las cafeterías, etc.

Actualmente, y dada la derogación de la normativa nacional bajo la orden de 17 de marzo de 1965, que aprobaba la ordenación turística, es importante indicar que pasa a ser competencia de la comunidad la responsabilidad de atribuir los criterios de calidad y categoría de estos, manifestándose ciertas diferenciar entre comunidades. No obstante, de forma global, y haciendo uso de lo especificado por la Real Academia de la Lengua, una definición de restaurante aceptada es la siguiente:

Establecimiento público donde se sirven comidas y bebidas, mediante precio, para ser consumidas en el mismo local.

Tras plantear lo que significa la palabra restaurante, representamos aquí el siguiente organigrama, en el que se presentan los diferentes tipos de restauración:

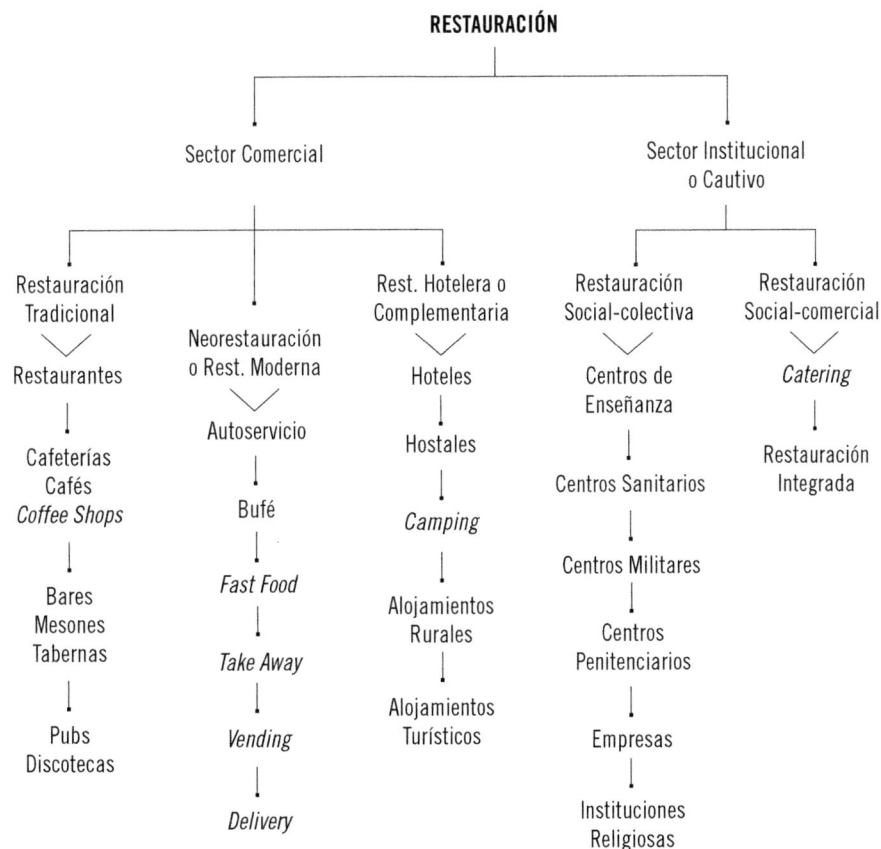

3. Caracterización y modelos de organización de sus diferentes tipos

Aunque la clasificación de los restaurantes se lleva a cabo de forma tradicional, en base a normativa autonómica, siendo reflejada según la asignación del número de tenedores, su repercusión no es característica. En la actualidad, pese a la vigencia de este tipo de clasificación, la publicación de guías y sellos de calidad tienen una gran notoriedad.

El modelo de organización y la fórmula adaptada para la organización y puesta en servicio permiten la presentación descrita a continuación.

3.1. Tipo de establecimiento y fórmula de restauración

Según el tipo de establecimiento y la fórmula de restauración, se podrían clasificar en:

Restaurante *bufé*

Es posible escoger uno mismo una gran variedad de platos cocinados y dispuestos para el autoservicio. A veces se paga una cantidad fija y otras veces, por los géneros consumidos. Este tipo de establecimientos surgió en los años setenta y es una forma rápida y sencilla de servir a grandes grupos de personas. Es muy habitual en los restaurantes de hoteles.

 Nota

Este tipo de servicio es muy habitual en los hoteles, sobre todo en los turísticos y de costas.

Restaurante de comida rápida *(Fast food)*

Restaurantes informales donde se consumen alimentos simples y de rápida preparación como hamburguesas, sándwiches, pizzas, patatas fritas o pollo. Una de las características más importantes es el escaso empleo de cubiertos, lo que permite diferentes tipos de servicio: consumo en local, recogida en local y consumo en la calle o en el domicilio, entrega domiciliaria *(delivery food)*. No hay camareros, ni servicio de mesas, y los clientes deben hacer una fila para pedir y pagar su comida en la barra, que es entregada al instante o tras un breve lapso de tiempo. Sí bien suele haber personal encargado de recoger y limpiar las mesas, es frecuente que los establecimientos "inviten" a los clientes a recoger la comida depositando los restos y el utillaje en cubos de basura, distribuidos estratégicamente por el local. Es además frecuente la existencia de una ventanilla donde puede ordenarse y recogerse la comida desde el automóvil *(Drive-In)* para comerla en el mismo coche, en casa o en algún otro lugar.

 Definición

---

Delivery food
Se utiliza para identificar a los establecimientos que se dedican al servicio de venta de comida a domicilio.

Drive-in
Sistema que permite realizar y recoger el pedido desde el propio vehículo, para su posterior consumo en un lugar diferente al establecimiento que lo ha elaborado.

Restaurantes de alta cocina o *gourmet*

Los alimentos son de gran calidad y servidos en mesa. El servicio suele ser "a la carta" y/o "menú", por lo que los alimentos son cocinados al momento. El coste va de acuerdo al servicio y la calidad de los platos que se consumen. El servicio, la decoración, la ambientación, comida y bebidas son cuidadosamente escogidos.

Restaurantes temáticos

Fórmula de restauración en la cual todos sus elementos (oferta gastronómica, ambiente, decoración, etc.) giran en torno a un tema determinado (música, deporte, cine) muy unidas a la industria del ocio. Son clasificados por el tipo de comida ofrecida. Los más comunes son según origen de la cocina, siendo los más populares la cocina italiana y la china, pero también la cocina mexicana, japonesa, española, francesa, tailandesa, etc.

Comida para llevar o *take away*

Son establecimientos que ofertan una variedad de platos y aperitivos, que se exponen en vitrinas frías o calientes, según sus características. El cliente elige la oferta y se confecciona un menú a su gusto, ya que la oferta se realiza por raciones individuales o como grupos de menús. Dentro de los *take away* podemos encontrar establecimientos especializados en un determinado tipo de producto o en una cocina étnica determinada. Al igual que los *fast food,* la vajilla y el menaje que se usan son recipientes desechables. Un ejemplo son los asadores de pollos.

 Nota

Existe otro sistema de venta de alimentos y bebidas, aunque no se puede catalogar como restaurante, que se basa en la expedición de los productos, mediante máquinas de autoservicio. Este sistema se conoce como "vending".

3.2. Otras clasificaciones

- Según el tipo de cocina: cocina nacional o cocina internacional.
- Según el tipo de explotación: restaurante independiente, restaurante de cadena o restaurante de franquicia.
- Según su dimensión: grandes, medianos o pequeños.

- Según el tipo de servicio: tradicional o neorestauración.
- Según el tipo de oferta: convencional, casa de comidas, de lujo, étnico-regional, temático, monoproducto.

 **Definición**

Franquicia
Es la concesión de derechos de explotación de un producto, actividad o nombre comercial, otorgada por una empresa a otra, para que esta pueda prestar los mismos servicios con la marca de la primera.

 Nota

La franquicia ha sido determinante en la expansión de las empresas de restauración en los últimos años, sobre todo en los negocios de la nueva restauración.

 Aplicación práctica

Esta paseando y entra en un gran centro comercial, concretamente en la zona donde se ubican los establecimientos de restauración. Realice un estudio de ellos para establecer el tipo de fórmula de restauración que utiliza cada uno para decidir a cual prefiere ir a comer. Los establecimientos son: Restaurante Pizzería San Marcos, La Hacienda Mexicana, Burger King, MacDonald´s, Azcona Restaurante, Telepollo y Comida para llevar "Amapola".

Continúa en página siguiente >>

<< Viene de página anterior

SOLUCIÓN

Una posible solución a esta aplicación podría ser la siguiente:

I Restaurante Pizzería San Marcos y La Hacienda Mexicana: restauración temática. El restaurante está especializado en un tipo de comida concreto.
I Burger King y MacDonald´s: restaurante de comida rápida *(Fast food)*.
I Azcona Restaurante: restaurante de alta cocina o *gourmet*.
I Telepollo. Delivery-food: se solicita la comida a través de una llamada de teléfono y el establecimiento lo lleva a casa.
I Comida para llevar "Amapola": *take away,* donde el cliente compra la comida en el establecimiento y se la lleva para consumirla en otro lugar.

---

4. Departamentos del restaurante tradicional

Los restaurantes, como cualquier empresa, disponen de una organización formal, entendiendo como tal la división en departamentos. Esta organización es la más aceptada dentro de las empresas de restauración, ya que permite asignar a cada departamento una serie de misiones que tienen que realizar, distinguiendo claramente entre los distintos procesos que intervienen en la restauración.

Los restaurantes se dividen habitualmente en cuatro departamentos, siendo:

- El departamento de administración-contabilidad.
- El departamento de compras-almacenamiento.
- El departamento de cocina.
- El departamento de sala o comedor.

Al frente de cada uno de estos se encuentra un jefe de departamento, que es el responsable ante la dirección del establecimiento del buen funcionamiento de su departamento. Evidentemente esta división dependerá en gran medida de la dimensión, la categoría y el tipo de establecimiento.

4.1. El departamento de administración-contabilidad

Es el encargado de todo el control administrativo del restaurante, entendiendo como tal la gestión de nóminas, impuestos, contabilidad, el control y pago a proveedores, cobros, etc. Normalmente este departamento, junto con compras-almacenamiento, es el que menos personal necesita, e incluso en algunos restaurantes es el propietario quien se encarga de realizar sus funciones, contratando a empresas externas para la realización de determinadas tareas (nóminas, seguridad social, impuestos, etc.).

La correcta gestión de este departamento será fundamental para la correcta marcha de la actividad.

4.2. El departamento de compras-almacenamiento

Este departamento es el responsable de la elección de proveedores, pedidos, recepción de mercancías, almacenamiento y distribución de los productos al resto de los departamentos. En algunos casos, como ocurre con el departamento de administración, es el propietario quien se encarga de las compras, existiendo entonces un departamento denominado "economato y bodega", que es el responsable de la recepción, almacenamiento y distribución de los géneros.

Nota

En restaurantes de poca envergadura es habitual que un mismo departamento realice las tareas de administración y compras.

Será fundamental tener conocimientos de administración para el correcto funcionamiento de este departamento, ya que conlleva una importante gestión documental.

Siendo responsable de la gestión de pedidos, deberá conocer los criterios de calidad de los alimentos, así como los fundamentos de su correcta manipulación.

4.3. El departamento de cocina

Es el encargado de la transformación de los distintos géneros para que puedan ser degustados, así como de su decoración y presentación. Es, junto con el departamento de sala, el más importante del restaurante, pues no hay que olvidar que la misión fundamental de todo establecimiento de restauración es el servicio de comidas y bebidas. Este departamento, además, es el que más instalaciones fijas requiere. Dentro de él se pueden distinguir varios subdepartamentos: cocina caliente, cuarto frío, pastelería, plonge y fregaderos de vajilla.

El departamento de cocina incluirá una departamentalización propia, denominándose al grupo que la forma bajo el nombre de brigada.

Su composición podrá variar desde un único individuo, que asumirá todas las funciones (normalmente en establecimientos de baja categoría y poca especialización) hasta formar una plantilla completa en la que se diferencian los siguientes puestos:

> Jefe de cocina ⇒ 2.º Jefe de cocina ⇒ Jefe de partida ⇒ Cocinero ⇒ Ayudante de cocina ⇒ Personal de *office* y *plonge*

Cada uno de los rangos propuestos podrán incluso estar formados por uno o más integrantes, así será común diferenciar entre jefes de partida de diferentes disciplinas (cuarto frío, carnes, pescados, salsero, etc.).

Las órdenes del jefe de cocina deberán ser acatadas por el resto de la brigada, siendo el máximo responsable.

Nota

En ocasiones existe la figura del Jefe de Alimentación y Bebidas, siendo el máximo responsable de los departamentos de cocina y sala.

4.4. El departamento de sala o comedor

Es el responsable de la acogida, recepción y servicio a los clientes del restaurante, así como del tratamiento de las reservas. Al igual que en el departamento de cocina, de la profesionalidad de los trabajadores de este departamento depende en gran medida el éxito o fracaso del restaurante, ya que los clientes, sobre todo aquellos que acuden a un restaurante de cierta categoría, esperan un determinado servicio. Por otro lado, no se debe olvidar que el personal de comedor realiza su trabajo en contacto con el cliente, lo que requiere una cualificación profesional aceptable, debiendo estar en consonancia con la categoría del establecimiento.

Estos departamentos también se pueden dividir tal y como aparece en el siguiente organigrama:

El departamento de sala, al igual que el de cocina, puede estar compuesto por uno o más componentes, siendo una plantilla completa la que diferencia los siguientes grados:

> *Maître* o Jefe de sala ⇒ Segundo *Maître* ⇒ Jefe de Sector ⇒ Jefe de rango / camarero ⇒ Ayudante de Jefe de Rango / Camarero

Al mismo tiempo, al igual que en cocina, pese a que el *Maître* o Jefe de sala sea el máximo responsable de la gestión en sala, podrá estar supervisado por la figura del Jefe de Alimentación y Bebidas.

La organización y número de miembros en la plantilla de sala o comedor dependerá de las dimensiones del establecimiento, así como de su categoría y tipo de servicio ofrecido.

 Nota

En la plantilla de sala, también existe la figura del Sommelier y facturista, encargándose de la bodega y servicio de vinos en el primer caso y del cobro en el segundo. Sus categorías se asimilan al de Segundo Maître o Jefe de Sector, según la organización del establecimiento, así como la importancia de su gestión. Por otro lado, dichos cargos pueden tener asignados personal auxiliar, representados como ayudantes.

En forma de resumen, una plantilla completa, puede dividirse y organizarse atendiendo al siguiente organigrama:

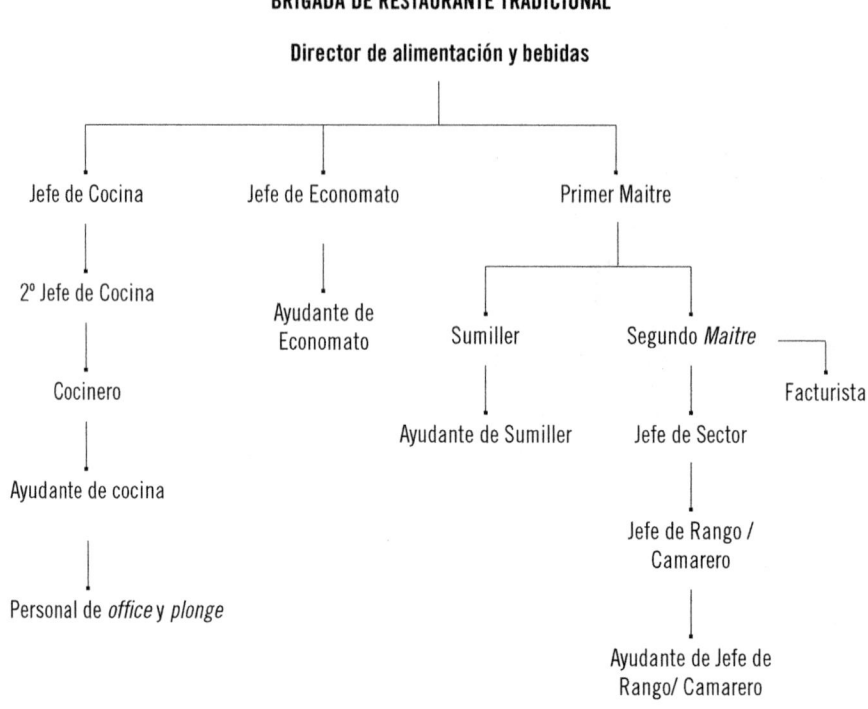

BRIGADA DE RESTAURANTE TRADICIONAL

Director de alimentación y bebidas

Jefe de Cocina — 2º Jefe de Cocina — Cocinero — Ayudante de cocina — Personal de *office* y *plonge*

Jefe de Economato — Ayudante de Economato

Primer Maitre — Sumiller — Ayudante de Sumiller

Segundo *Maitre* — Jefe de Sector — Jefe de Rango / Camarero — Ayudante de Jefe de Rango/ Camarero

Facturista

5. Instalaciones del restaurante tradicional

El comedor es el espacio físico destinado a la prestación del servicio de comidas y bebidas, siendo utilizado tanto por el cliente como por el personal de servicio. El objetivo básico que debe plantearse en el diseño del comedor es la consecución de un ambiente adecuado en función de una serie de factores que influyen en este ambiente, como:

- El local, sus dimensiones y su ubicación.
- Características de construcción.
- Decoración.
- Distribución de espacios y mobiliario en la sala.

La disposición y decoración del restaurante corresponderá con el tipo de servicio y su categoría, entre otras premisas, siendo el comedor la estancia principal.

Un diseño correcto del comedor tiene una gran importancia en la calidad del servicio, en la comodidad de los clientes y, por tanto, en el futuro económico de la empresa.

La distribución del local destinado a comedor debe realizarse según un criterio de racionalidad y en todo caso teniendo en cuenta un espacio suficiente para las distintas zonas necesarias en la prestación del servicio de restauración, zonas que básicamente son cuatro.

 **Nota**

La primera imagen que proporciona un establecimiento de restauración debe adaptarse a las pretensiones que se quieran ofrecer y las características de los potenciales clientes, atendiendo a su estatus social y económico; ya que los consumidores finales pueden tomar una decisión equivocada que sería negativa para la empresa.

5.1. Zonas necesarias en la prestación del servicio de restauración

Para llevar a cabo un servicio correcto será necesario contar con las instalaciones específicas, correspondiéndose tanto con la categoría del establecimiento como con la oferta y tipo de servicio prestado. Así, para un servicio tradicional será fundamental contar con zonas específicas para bodega, *office* y servicio, pudiéndose complementar con otras como la zonas de exposición y bufé.

Zona de *office*

Tiene como misión fundamental la de apoyar al servicio, ya que en ella se realiza la limpieza y conservación del material propio del comedor (cubertería, cristalería, vajilla, etc.). Debe disponer de, al menos, mesa de desbarasado, fregadero, lavavajillas o tren de lavado y estanterías, en algunos establecimientos también se ubica alguna maquinaria (cafetera, armario refrigerador, etc.) y otros elementos para facilitar y agilizar el servicio. Normalmente se sitúa en el paso entre el comedor y la cocina para rentabilizar los desplazamientos del personal de sala.

Zona de bodega

Se utiliza para el almacenaje y conservación de los vinos y bebidas en general. Por lo tanto, debe poseer unas características específicas en cuanto a temperatura, grado de humedad, etc., así como tener una ubicación alejada de las fuentes de calor, bruscas corrientes y que sea además de fácil acceso para el personal. Las dimensiones dependen de la oferta de vinos del establecimiento.

La bodega deberá permitir la correcta conservación de los vinos, así como su correcta organización, facilitando el desarrollo del servicio.

Zona de exposición y *bufé*

Se utiliza para mostrar y permitir el servicio de todas las elaboraciones ofertadas. Habitualmente se ubica en una zona preferente del comedor, siendo muy frecuente montar el bufé a la entrada del mismo, con el fin de llamar la atención y atraer al cliente para que solicite los productos allí expuestos. Si no existe la posibilidad de montar el bufé a la entrada del comedor, se recomienda que se haga en un lugar perfectamente visible desde todos los puntos de la sala. Las dimensiones reservadas a este espacio son muy variadas, ya que dependen en gran medida del equipo que compone el propio bufé.

Zona de servicio al cliente

Se sitúa en la parte más noble del local y con fácil acceso al resto de dependencias del mismo, si bien debe estar aislada de zonas como la cocina o el *office.* Sus dimensiones mínimas dependen fundamentalmente del tipo de servicio que se preste:

- **Servicio tradicional:** entre 1,2 y 1,5 m^2 por plaza.
- **Servicio de banquetes:** entre 0,8 y 1 m^2 por plaza.
- **Servicio de bufé:** entre 1,5 y 2 m^2 por plaza.

Las variaciones en las dimensiones mínimas se deben fundamentalmente a los tipos de mesa utilizados, su capacidad, su colocación y tipos y/o técnicas de servicios empleados, ya que estos factores influyen notablemente en la capacidad final del local, especialmente en lo que se refiere a servicios de banquetes.

 **Recuerde**

El *office* es la instalación del restaurante donde se limpia y almacena el material del comedor, debiendo estar totalmente acondicionada para estas funciones.

Dentro de esta zona cabe mencionar además:

- **Aseos.** Todo restaurante deberá contar con aseos próximos al comedor debidamente señalizado y dividido por sexos. Deben contar con letrina y lavabo como mínimo, separados por una puerta, agua caliente y fría, jabón de mano en dosificador y secadores de manos eléctricos o de celulosa individuales de un solo uso, papelera, papel higiénico y, en el caso de servicio de señoras, es aconsejable colocar un contenedor para compresas. Tendrán ventilación suficiente debidamente canalizada al exterior, natural o forzada y todo el conjunto de los aseos estará debidamente aislado del comedor.
- **Facturación.** Es un espacio dedicado a la confección de facturas y cobro de los servicios prestados. Se suele colocar en la zona de menor aprovechamiento del comedor y su dotación básica suele ser: soporte informático con impresora, caja registradora, mostrador, máquina para pago con tarjeta de crédito (línea telefónica), mueble con espacios numerados para colocar las comandas coincidiendo con el número de mesa y diverso material de administración.
- **Salida de emergencia.** Debidamente señalizada, libre de obstáculos, accesible y con puertas de apertura sencilla hacia fuera.

- **Guardarropa.** Espacio destinado para la custodia de abrigos y objetos personales del cliente, de acceso exclusivo del personal de la casa y con estanterías y perchas suficientes.
- **Armario de lencería.** Espacio dedicado al almacenaje de ropa de comedor.
- **Zona de espera para clientes.** Normalmente es un habitáculo con una barra y una pequeña sala con butacones y mesas bajas, donde hacer la espera del cliente, hasta ocupar una mesa en el comedor, más agradable y amena. Suele estar ubicada a la entrada del establecimiento.

6. Competencias básicas de los profesionales que intervienen en el departamento

En un restaurante, como en toda empresa, existen unos principios funcionales que deben ser tenidos en cuenta por todo el personal, independientemente de las funciones que desarrollen y de la categoría que posean. Una de las obligaciones es el cumplimiento de una serie de normas de **aseo personal** y de **seguridad laboral,** para lograr el fin de la actividad empresarial y ofrecer un servicio de calidad a los clientes.

El personal es en gran medida la imagen de la empresa. La expresión **imagen personal** es mucho más amplia que el simple concepto de vestido, pues hace referencia también al conjunto de los rasgos físicos, los gestos y los movimientos, el estilo al caminar, el tono de voz, la forma de mirar, etc. Es este un concepto sumamente relativo, pues cada persona se forma su propia imagen, distinta a la que tienen los demás. La imagen es el primer mensaje de la comunicación interpersonal. Cuando un individuo se presenta ante la vista de otros, mucho antes de pronunciar una sola palabra ha transmitido ya a los demás una infinidad de datos e ideas, proyectando su personalidad a través de la imagen.

Sabía que...

La imagen personal y el comportamiento del personal es vital para garantizar un servicio de calidad. Existe un dicho popular que dice: "Te reciben según te presentas; te despiden según te comportas".

En cuanto a las normas de **higiene personal,** los puntos más importantes son:

- **El rostro:** el personal masculino se deberá presentar recién afeitado pues la barba crecida da la impresión de abandono y suciedad. El personal femenino se presentará con un maquillaje suave procurando evitar perfumarse con aromas fuertes.
- **El cabello:** es lo más visible a primera vista y por ello se deberá guardar una higiene máxima, lavándose y cortándose el pelo con asiduidad. Los peinados deberán ser discretos intentando evitar las patillas y procurando combatir la caspa si es necesario.
- **El aseo corporal:** debido a la gran actividad desarrollada durante el servicio, se produce una mayor transpiración, por lo que se recomienda ducharse antes del servicio para evitar el olor corporal, y después para relajarse.
- **La boca y los dientes:** es muy importante mantener una correcta higiene bucal, pues ello evitará las caries y por consiguiente el mal olor. Se utilizará además un dentífrico que proporcione un aroma agradable al aliento. Para evitar olores desagradables se evitará fumar, beber o comer alimentos que faciliten esta circunstancia.
- **La limpieza de manos y uñas:** las manos están en todo momento a la vista del cliente y en contacto con los útiles que se emplean para el servicio y consumo de géneros. Por ello se deberá cuidar al máximo su pulcritud, evitando el mal efecto de las manos sucias con uñas largas o mordidas. El personal femenino utilizará solo esmaltes transparentes o de colores suaves.

- **Los pies:** se deberán cuidar con esmero los pies, pues son la parte del organismo que más sufre debido al tiempo y al peso que tienen que soportar durante todo el servicio. El calzado tendrá que ser cómodo y los calcetines de tejido transpirable. Es recomendable los baños de agua fría y la utilización de polvos de talco u otros productos específicos, además de visitas periódicas al podólogo.

Respecto al **uniforme,** generalmente la empresa determina el diseño y tipo de tejido del mismo. El atuendo debe cumplir unas características que pueden ser:

- Debe estar confeccionado en tejido de calidad y ser resistente.
- Debe ser cómodo, evitando uniformes muy ajustados o muy anchos.
- Disponer de varios uniformes.
- El uniforme solo se utilizará en horas de trabajo y nunca fuera del establecimiento.
- De fácil limpieza y planchado.
- Se debe evitar la utilización de ropa desgastada.
- El uniforme siempre se llevará limpio y perfectamente planchado.
- Zapatos perfectamente limpios y brillantes.
- El trabajador es el principal responsable del estado de limpieza y cuidado del uniforme.

Las **normas de conducta** y comportamiento del personal de hostelería son muy amplias y diversas ya que por ser una empresa de servicio, es una de las profesiones en las que se exige al trabajador un comportamiento excepcional dirigido siempre a ofrecer un servicio intachable en todos los aspectos. La educación y los buenos modales son fundamentales para tener éxito en el trabajo.

 Sabía que...

Según V. Pisabarro (escritor), una buena educación no la podemos tener todos, pero sí podemos tener buenos modales.

En un restaurante es imprescindible **actuar en equipo.** Es muy importante la coordinación del personal, a fin de que pueda prestarse el servicio con el máximo detalle, siendo este el toque final que hace de un buen trabajo una obra maestra. La utilidad de un trabajo en equipo se puede concretar en los siguientes aspectos:

- Disminuye la carga de trabajo, ya que todos colaboran.
- Se obtienen mejores resultados, pues dos o más lo hacen mejor que uno.
- Se aprende a escuchar y a respetar a los demás.
- Permite una mejor organización.
- Mejora la calidad del servicio.

Maître asesorando a un cliente durante el proceso de toma de comanda

6.1. Deontología elemental de la profesión

Aquellas personas que se dedican o dedicarán en un futuro a esta profesión deberán poseer y/o adquirir una serie competencias que hay que cumplir. Al conjunto de estas capacidades se le conoce como **deontología profesional.** A veces, estas son cualidades innatas a las personas, en otras ocasiones habrá que ir aprendiéndolas y poniéndolas en práctica con intento de superación.

Nota

No se debe confundir aptitud con actitud.

La primera (con "P") significa "capacidad para operar competentemente en una determinada actividad, y la segunda (con "C") es la "postura del cuerpo o la disposición de ánimo manifestada de algún modo".

Estas capacidades o aptitudes las podemos dividir en:

Aptitudes físicas

Estas son:

- Resistencia para soportar los largos periodos de tiempo que se debe estar de pie, así como los desplazamientos.
- Fortaleza para poder manejar correctamente las fuentes y bandejas cargadas.
- Ligereza de gestos, que evite movimientos bruscos, haciéndolos, por el contrario, suaves y delicados, sin caer en el amaneramiento.
- Buena presencia física, no tener vicios como echar los hombros hacia adelante, los pies para dentro, etc. Se andará con elegancia.
- Cuidar constantemente los pies y la dentadura (para evitar malos olores).
- Habilidad manual, siendo imprescindible tener un mínimo de soltura para poder atender al cliente.

Aptitudes intelectuales

Estas son:

- Poseer un nivel medio de estudios, que le dé cierta cultura y base para poder atender las necesidades del servicio y de los clientes.

- Facilidad para los idiomas, ya que en los hoteles de 4 y 5 estrellas, así como en restaurantes de categoría análoga, para ocupar puestos elevados es necesario dominar varios idiomas.
- Buena memoria, que le permita retener los nombres de los clientes, sus apetencias y gustos.
- Facilidad de expresión.
- Corrección del lenguaje.

Aptitudes profesionales

Estas son:

- Disciplina y subordinación, es decir, saber cumplir las órdenes y acatarlas, así como darlas.
- Responsabilidad para efectuar el trabajo conscientemente, procurando prestar atención y realizarlo lo mejor posible.
- Amor a la profesión.
- Perfeccionamiento: tener inquietudes e intentar superarse todos los días, para llegar a una mayor capacidad y rapidez en el trabajo.
- Dominio de sí mismo: que los problemas o circunstancias desfavorables no influyan de manera directa en el trabajo.
- Sentido del orden: un sitio para cada cosa y cada cosa en su sitio.
- Psicología para saber atender a cada cliente de acuerdo con sus apetencias y carácter.
- Evitar actitudes que pueden molestar a clientes, jefes o compañeros.
- Cortesía y educación: atender al cliente en sus apetencias sin caer en el servilismo.
- Franqueza.
- Amabilidad y simpatía.

Aptitudes morales

Estas son:

- Honradez, no solo con los clientes, sino también con los jefes, compañeros, empresa y consigo mismo.
- Voluntad y perseverancia para conseguir las metas propuestas.

■ Compañerismo.

■ Autoridad, sin abusar nunca de ella, sino impartiéndola con justicia, dando a cada uno lo que corresponde.

El conjunto de todas estas aptitudes hacen que se ofrezca un mejor servicio, obteniéndose un mayor rendimiento, que en definitiva repercute en todos y cada uno de los empleados.

 Recuerde

En ocasiones las aptitudes que debe poseer un profesional son innatas, pero otras habrá que ir adquiriéndolas con perseverancia y esfuerzo personal.

6.2. Brigada de restaurante

Se denomina **brigada de restaurante** al conjunto de personas, de distintas categorías profesionales, que trabajan en un restaurante y cuya misión principal es servir y atender al cliente.

Aunque a continuación se nombrarán y definirán las categorías dentro de una brigada tipo, la existencia o no de una figura u otra y el número de componentes dependerá del tamaño y categoría de establecimiento, siendo la dirección la encargada de tomar la decisión. En el caso de que se suprima algún miembro de la brigada, su función será desempeñada por los demás miembros del equipo.

Brigada tipo de un restaurante

Esta se compone de:

Jefe de comedor, maestresala o primer maître

Es el máximo responsable del funcionamiento del restaurante, teniendo a su mando a todo el personal que forma la brigada. Domina el arte de trinchar y cuida de la buena presentación de los manjares. Está facultado para exigir del personal a sus órdenes la máxima disciplina y para imponer al mismo las correcciones oportunas. En los establecimientos de cinco y cuatro estrellas se le exige además el conocimiento de dos idiomas extranjeros. Sus funciones son:

- Planificar y distribuir el trabajo de cada una de las personas que forman la brigada, distribución de horarios, de días libres, etc.
- Controlar y supervisar todos los servicios llevados a cabo en el comedor, así como el control del libro de reservas.
- Exigir el cumplimiento de todas las normas de seguridad e higiene.
- Realizar el control de inventarios y *stock.*
- Interviene junto con el jefe de cocina en la realización de la oferta gastronómica.
- Debe informar a su brigada de la composición de las distintas ofertas gastronómicas.
- Recibe, acoge y toma la comanda a los clientes. Además de asesorarles, siempre que este lo solicite.
- Sustituir al sumiller, siempre que sea necesario.
- Supervisar todas las facturas.
- Atender las posibles quejas y reclamaciones de los clientes.

 Recuerde

El *maître* es la persona de mayor rango en el comedor, siendo el máximo responsable de todo lo que acontece en la sala.

Segundo jefe de comedor o segundo maître

Su función principal es la de ayudar al *maître* y sustituirle cuando no esté asumiendo todas las responsabilidades.

Sommelier o sumiller

Es la persona responsable de la compra, conservación y servicio de vinos, licores y demás bebidas del establecimiento. Tiene que ser un experto en todo lo referente a conservación, cata, maridaje y servicio de vinos. Sus funciones son:

- Confecciona las cartas de vinos y bebidas.
- Ofrece al cliente la carta de vinos y toma la comanda de bebidas.
- Realiza el servicio de vinos y demás bebidas.
- Aconseja al cliente, siempre que este lo solicite, sobre los vinos más adecuados en función de los platos solicitados.
- En algunos casos se encarga de la perfecta conservación y control de la bodega del establecimiento.

Ayudante de sommelier

Auxiliará en todo lo que se refiere al servicio de bebidas al somelier, realizando todas las tareas encomendadas por este.

Facturista

Es el responsable de la caja, se encarga de elaborar las facturas de los clientes y elaborar y/o cumplimentar todos los informes e impresos relacionados con las ventas, para su justificación ante la dirección del establecimiento.

Jefe de sector

Es el responsable del buen funcionamiento del sector que le ha sido encomendado. Sus funciones son:

- Acomodar al cliente, cuando el *maître* no pueda hacerlo.
- Tomar la comanda de las mesas que forman su sector.
- Trinchar personalmente las piezas que se sirvan en su sector.
- Coordinar y organizar al personal a su cargo.

 Recuerde

El sumiller es la persona experta en bebidas en general y vinos en particular, además de todo lo que incumbe en cuanto a la conservación y servicio de tabaco.

 Nota

En la actualidad la categoría de Jefe de Sector no es muy habitual, pudiendo existir algún segundo *maître* más en establecimientos de gran capacidad, como los hoteles.

Jefe de rango o camarero

Es el encargado del servicio de las mesas de su rango. Sus funciones son:

- Realizar la puesta a punto del comedor para el servicio.
- Montar las mesas en función de las previsiones y reservas.
- Servir a los clientes bajo la supervisión del jefe de sector.
- Es el responsable de que todo se encuentre en perfecto orden en su rango.

 Definición

Rango
Zona del comedor que se compone de una serie de mesas que son adjudicadas y atendidas por un camarero o jefe de rango.

Sector
Parte del comedor constituida por dos o más rangos, que está bajo el mando de un empleado con categoría de jefe de sector.

Ayudante de jefe de rango o de camarero

Es la persona subordinada al camarero. Sus funciones son:

- Realiza la puesta a punto junto con el jefe de rango.
- Transporta los servicios solicitados por el cliente desde la cocina, bodega o economato al comedor.
- Ayuda al camarero en el servicio del comedor.
- Recoge y limpia las mesas después del servicio.

Sabía que...

Confucio decía que donde hay educación, no hay distinción de clases.

 Aplicación práctica

Entra un restaurante con un sistema de servicio tradicional para comer y observa las tareas que realiza cada componente del personal de comedor, toma nota de las actividades que realiza cada uno y decide confeccionar un listado de la brigada que componen los miembros de ese establecimiento de restauración.

SOLUCIÓN

Una posible solución a esta aplicación podría ser la siguiente:

- *Maître*. Recibe a los clientes, toma la comanda, supervisa las tareas de los demás camareros, despide a los clientes, etc.
- Sumiller. Entrega la carta de vinos, toma la comanda de bebidas, realiza el servicio de vinos y bebidas en general.
- Jefes de rango. Atiende a los clientes que están sentados en las mesas, sirven los platos solicitados, retiran los platos y cubiertos (desbarasado) una vez que han terminado los comensales, etc.
- Ayudantes de rango. Trasportan los alimentos desde la cocina, llevan los platos, cubiertos y copas sucias al *office*, efectúan las tareas que les ordenan los jefes de rango, etc.

7. Resumen

El término "restauración", en el argot hostelero, hace referencia a la actividad de quien tiene o explota un restaurante. Los restaurantes se definen como "los establecimientos, cualquiera que sea su denominación, sirvan al público, mediante precio, comidas y bebidas, para ser consumidas en el mismo local".

La clasificación de los restaurantes puede ser variada, según se atiendan a unas características u otras, pero la más aceptada hoy en día puede ser según el tipo de establecimiento y la formula de restauración en restaurante bufé, restaurante de comida rápida o *fast food,* restaurantes de alta cocina o *gourmet,* restaurantes temáticos y comida para llevar o *take away.*

Los restaurantes, como cualquier empresa, disponen de una organización formal, entendiendo como tal la división en departamento. Estos dependerán del tipo de establecimientos y sus características, pero los más habituales son la administración/contabilidad, compras/ almacenamiento, cocina y comedor o sala.

Un diseño correcto del comedor tiene una gran importancia en la calidad del servicio, en la comodidad de los clientes y, por tanto, en el futuro económico de la empresa.

El personal que trabaja en un restaurante tiene la obligación de cumplir una serie de normas de aseo personal y de seguridad laboral, para lograr el fin de la actividad empresarial y ofrecer un servicio de calidad a los clientes.

El trabajo en equipo es muy importante en la restauración ya que, con un menor esfuerzo individual, obtenemos una mayor rentabilidad y nos permite mejorar la calidad del servicio.

Aquellas personas que se dedican o dedicarán a esta profesión deberán poseer y/o adquirir una serie de aptitudes conocidas como deontología profesional, las cuales se clasifican en aptitudes físicas, intelectuales, morales y profesionales.

Se denomina brigada de restaurante al conjunto de personas, de distintas categorías profesionales, que trabajan en un restaurante y cuya misión principal es servir y atender al cliente. La brigada tipo de un restaurante se compone de jefe de comedor, maestresala o primer *maître,* segundo jefe de comedor o segundo *maître,* jefe de sector, *sommelier* o sumiller, ayudante de *sommelier,* facturista, jefe de rango o camarero y ayudante de jefe de rango o de camarero.

Ejercicios de repaso y autoevaluación

1. ¿Cuál es la denominación internacional del termino "restauración"?

    a. *Food-service.*
    b. *Fast-food.*
    c. *Delivery food.*
    d. *Take away.*

2. Dentro de la restauración, ¿en qué sector se engloba a los restaurantes tradicionales?

    a. Sector institucional.
    b. Sector cautivo.
    c. Sector comercial.
    d. Todas las opciones son correctas.

3. En la actualidad, la clasificación de los restaurantes...

    a. ... atiende a normativa, aunque es muy importante su exposición en guías y sellos de calidad.
    b. ... obedece de forma exclusiva a la consideración de estrellas dadas en portales virtuales.
    c. ... queda representada por tazas y copas.
    d. ... se asocia al precio dado en su servicio.

4. Los restaurantes de comida rápida se caracterizan por:

    a. Es posible escoger gran variedad de platos dispuestos en autoservicio.
    b. Los alimentos son de gran calidad y servidos en mesa.
    c. El escaso empleo de cubiertos.
    d. Toda su oferta gastronómica y decoración es sobre un tema determinado.

5. **Los restaurantes se pueden clasificar según el tipo de servicio en...**

    a. ... cocina nacional o cocina internacional.
    b. ... independiente, de cadena o de franquicia.
    c. ... grandes, medianos o pequeños.
    d. ... tradicional o neorestauración.

6. **El departamento de sala o comedor de un restaurante es el encargado de...**

    a. ... la acogida, recepción y servicio a los clientes del restaurante, así como del tratamiento de las reservas.
    b. ... la elección de proveedores, pedidos, recepción de mercancías, almacenamiento y distribución de los productos al resto de los departamentos.
    c. ... la transformación de los distintos géneros para que puedan ser degustados, así como de su decoración y presentación.
    d. ... el control administrativo del restaurante, entendiendo como tal la gestión de nóminas, impuestos, contabilidad, el control y pago a proveedores, cobros, etc.

7. **¿Qué actividades se realizan en la zona denominada *office*?**

    a. La exposición y el servicio de todas las elaboraciones ofertadas.
    b. El almacenaje y conservación de los vinos y bebidas en general.
    c. La limpieza y conservación del material propio del comedor.
    d. Todas las opciones son correctas.

8. **Las manos del personal de restaurante están en todo momento a la vista del cliente y en contacto con los útiles que se emplean para el servicio y consumo de géneros, por ello...**

    a. ... se usarán guantes de tela blancos.
    b. ... se deberá cuidar al máximo su pulcritud.
    c. ... se recomiendan baños de agua fría y la utilización de polvos de talco.
    d. Todas las opciones son correctas.

9. **El uniforme de trabajo debe reunir una serie de características como...**

    a. ... estar confeccionado en tejido de calidad y ser resistente.
    b. ... ser cómodo, evitando uniformes muy ajustados o muy anchos.
    c. ... utilizarse exclusivamente en horas de trabajo.
    d. Todas las opciones son correctas.

10. **¿Cuál es la función principal de la brigada de restaurante?**

    a. Servir y atender al cliente.
    b. Confeccionar y presentar las elaboraciones culinarias.
    c. Realizar la contabilidad del establecimiento.
    d. Limpiar el material utilizado durante el servicio.

Capítulo 2
Los establecimientos de servicio a colectividades

Contenido

1. Introducción

Cuando las actividades relacionadas con la restauración son concertadas con un proveedor de servicios y comprenden los servicios necesarios para preparar y distribuir comidas a la gente que trabaja y/o vive en comunidades, como empresas públicas y privadas, administraciones, guarderías, colegios, hospitales, residencias de la tercera edad, cárceles, cuarteles, etc., se conoce como **restauración colectiva.**

En los últimos años en Europa, el número de comidas realizadas fuera de casa ha ido en constante aumento. La restauración colectiva ha seguido esta tendencia, y en la actualidad representa la mitad de las comidas consumidas fuera de casa.

2. Definición, caracterización y modelos de organización de sus diferentes clases

Cada vez es mayor el interés por la gastronomía y el nivel de exigencia de la cocina. Desde el punto de vista nutricional, estamos viviendo una gran revolución. Con todo ello, la gente no quiere renunciar a la cocina casera, a las recetas de toda la vida, al sabor tradicional.

Pero la sociedad moderna no tiene tiempo para cocinar. No hay tiempo para una cocina de cazos, pucheros y sartenes. Los nuevos estilos de vida y las ocupaciones diarias han creado nuevos hábitos alimentarios y un mayor consumo de comida en establecimientos ajenos al domicilio particular.

El desarrollo de nuevas tecnologías en el área agroalimentaria ha puesto a disposición de los profesionales maquinaria para realizar grandes cantidades de elaboraciones, optimizando el tiempo y la mano de obra, pudiendo crear preparados que se conservan mejor y durante más tiempo o que tan solo con una pequeña regeneración están listos para su consumo.

2.1. Definición

Se define la restauración colectiva (o alimentación colectiva) como aquella que se elabora para un número determinado de comensales superior al que comprende un grupo familiar, en locales, salones, residencias, hoteles o colegios, preparados para acoger una cantidad ingente de personas. Además del número de comensales, que será muy alto, habrá que considerar también que todos sean atendidos al mismo tiempo, por razones de procedimiento, aprovechamientos de los recursos disponibles, por turnos establecidos u otras razones, que hacen que este tipo de restauración tenga unas características muy concretas.

La restauración colectiva abarca todos aquellos establecimientos públicos o privados con finalidad social o comercial, permanentes o temporales, que lleven a cabo cualquiera de las siguientes actividades: elaboración, manipulación, envasado, almacenamiento, suministro, servicio y/o venta de comidas preparadas y bebidas, con o sin servicio en el mismo para su consumo.

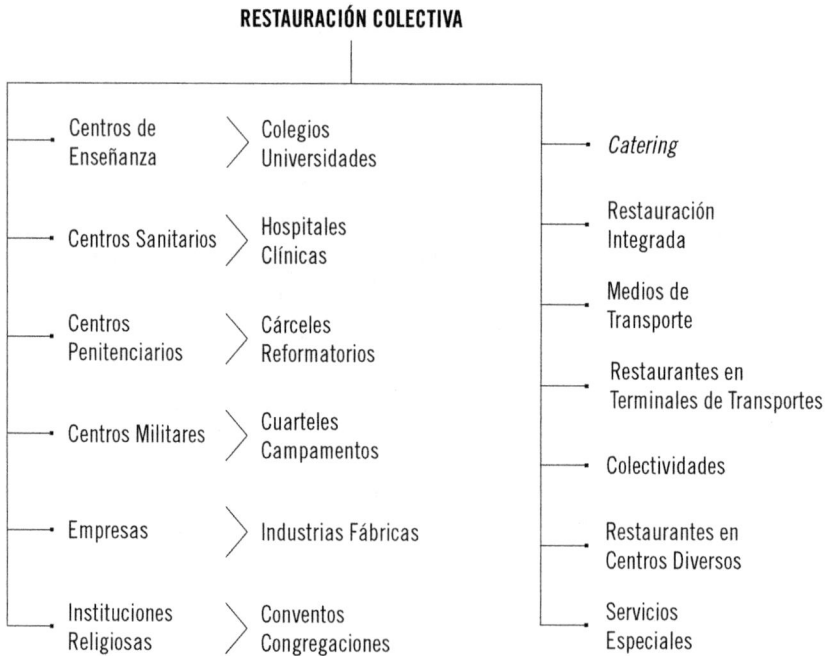

RESTAURACIÓN COLECTIVA

Centros de Enseñanza	Colegios Universidades	Catering
Centros Sanitarios	Hospitales Clínicas	Restauración Integrada
Centros Penitenciarios	Cárceles Reformatorios	Medios de Transporte
Centros Militares	Cuarteles Campamentos	Restaurantes en Terminales de Transportes
Empresas	Industrias Fábricas	Colectividades
Instituciones Religiosas	Conventos Congregaciones	Restaurantes en Centros Diversos
		Servicios Especiales

Recuerde

Toda empresa que lleve a cabo la elaboración, manipulación, envasado, almacenamiento, suministro, servicio y/o venta de comidas preparadas y bebidas, con o sin servicio en el mismo local, para su consumo, se engloba en el sector de la restauración colectiva.

2.2. Modelos de organización de sus diferentes clases

Este tipo de restauración va dirigido a grandes colectivos de personas, que por diferentes razones se ven obligados a comer en centros o instituciones (clientes cautivos). En unos casos su uso está restringido a un grupo determinado de personas (trabajadores de una fábrica, estudiantes de un colegio, etc.), y en otros, aunque la oferta es abierta al público en general (cafetería de hospitales, restaurantes de centros de ocio, etc.), al ser un servicio complementario de una actividad principal, la demanda que la utiliza suele estar limitada a ese ámbito.

Definición

Cliente cautivo
Es aquella persona que se ve "obligado", en mayor o menor medida, a consumir los alimentos y bebidas en un establecimiento determinado, sin posibilidad de elegir.

La restauración colectiva engloba todos aquellos establecimientos en los que el cliente se ve obligado, en mayor o menor medida, a comer, y atendiendo al grado de cautividad de la clientela, se pueden dividir en:

- Restauración colectiva social
- Restauración colectiva comercial, pública o moderna

Restauración colectiva social

Es la que se caracteriza por su clientela cautiva, es decir, personas que tienen pocas alternativas para elegir, ya que su situación les obliga a comer en ese lugar.

La restauración social no parte de una finalidad lucrativa, aunque actualmente estos servicios se delegan con mucha frecuencia, en empresas que realizan desde la gestión de compra de alimentos hasta la planificación, producción y servicio de comidas y bebidas, empresas que desarrollan líneas de trabajo basadas en las subcontratas, habitualmente con instituciones públicas.

Las instalaciones o centros donde se prestan servicios de restauración colectiva son:

Centros de enseñanzas

Hay que distinguir dos tipos, según la edad de los consumidores:

Comedores escolares

Aquí se incluyen las guarderías y colegios. El servicio es un menú sin posibilidad de elección. Tiene que ser muy equilibrado, variado, atractivo, que responda a todos los requerimientos nutricionales, como alto en proteínas, altos niveles de vitaminas y minerales, bajo contenido en grasas, etc.

El menú servido en los comedores escolares forma parte de la ingesta principal del comensal. De ahí, la importancia de su composición, debiendo ser variada y equilibrada.

Comedores universitarios y de enseñanza superior

La oferta es mucho más amplia, por lo que hay que tener en cuenta los gustos y las preferencias de la clientela (predomina la comida rápida o fast food), los precios son muy competitivos y las fórmulas de servicio son variadas, aunque es muy normal que sea autoservicio, lo que evita costes de personal y da más posibilidad de elección.

Centros sanitarios

En estos centros se enmarcarían los hospitales, clínicas, centros de día y geriátricos. Se deben diferenciar los tres tipos de clientes a los que van dirigidos los servicios:

▪ **Pacientes:** oferta limitada, sin posibilidad de elección y adaptadas a las necesidades de este en función a la patología que tenga. Se da mucha importancia, en la planificación de los menús, a los requerimientos dietéticos, de manera que se confeccionen menús equilibrados. Suelen ser, principalmente en hospitales y clínicas, comidas elaboradas *in situ* y dispuestas en bandejas isotérmicas que se transportan a las plantas.

- **Personal:** suelen disponer de restaurante o cafeterías donde se puede comer a la carta o un menú por un precio asequible. Son normalmente gestionadas por empresas ajenas al centro sanitario. Puede ser servido en mesa o autoservicio. Se utiliza bastante el sistema *vending* como complemento a este tipo de restauración.
- **Visitantes:** en muchos casos, se trata del mismo restaurante donde come el personal, y en otros está separado, con las mismas características del caso anterior.

Centros penitenciarios

Oferta muy limitada, de coste razonable y variado. Sistema de autoservicio. Puede existir una cafetería como oferta complementaria. Estos centros engloban las prisiones, cárceles y reformatorios.

Centros militares

Los cuarteles, campamentos militares, etc., tienen peculiaridades muy similares a los centros penitenciarios.

Empresas

Dirigido exclusivamente a los empleados de las mismas. Es fundamental tener en cuenta la actividad que desarrollan los trabajadores. Puede ser pagado o no por la empresa, siendo en el último caso de precio asequible. El servicio puede variar dependiendo del perfil del cliente y el volumen.

Instituciones religiosas

Aquí estarían incluidos los conventos, congregaciones o comunidades religiosas, etc., con características parecidas a las colectividades de empresas.

Todo comedor deberá garantizar la inocuidad de los productos servidos, así como facilitar el proceso relacionado con la actividad.

Restauración colectiva comercial, pública o moderna

Dentro de esta clasificación, se diferencian los tipos que se describen a continuación.

Catering

Se denomina así al servicio de alimentación institucional o alimentación colectiva que provee una cantidad determinada de comida y bebida en fiestas, eventos y presentaciones de diversa índole.

Las empresas de *catering* se encargan de la prestación externa de servicio de comidas en grandes cantidades para ser servidas y consumidas en puntos separados del lugar donde se elaboran, ya sean confeccionadas en cocinas centrales y transportadas al lugar de consumo, preparadas en cocinas *in situ* o subcontratando con terceros la elaboración total o parcial.

Este tipo de restauración parte de establecimientos tradicionales, a los que se les pide que sirvan la comida en un sitio determinado, alejado del local en sí. Se puede ofrecer desde la producción culinaria, hasta la distribución, montaje de salones a domicilio y servicio de camareros, así como el emplatado o terminación de los platos en el sitio contratado.

Esto puede conllevar a logísticas muy complicadas, pues puede ser necesario trasladar todo el material, maquinaria, mobiliario, personal, materias primas o precocinadas, o incluso los platos totalmente elaborados para su regeneración y/o emplatado. Algunas empresas de *catering* tienen contratos de exclusividad con locales o salones (fincas, edificios emblemáticos, etc.) para realizar sus servicios en estas instalaciones.

Los servicios de catering permiten el montaje de eventos en sitios únicos, siendo un valor añadido en la organización global del evento o servicio prestado.

 Definición

Empresa de *catering*
Es aquella que provee una cantidad determinada de comida y bebida en fiestas, eventos y presentaciones de diversa índole, dirigida al servicio de la alimentación colectiva.

Clasificación de empresas *catering:*

▮ **Medios de transportes:** aéreos, marítimos y ferroviarios. La oferta está fijada por la compañía de transporte en función de la hora, duración del trayecto, y clase (tipo de billete, tarifa). La oferta es limitada, dado que viene incluida en el precio que el cliente paga, por lo que este no suele tener poder de elección, excepto en las clases superiores o preferentes, en las que existe una oferta más variada y la posibilidad de elección.

▮ **Colectividades:** existe un variado número de subsectores con características diferentes: congresos, comedores escolares, empresas, etc. En función de estas, la oferta será diferente.

▮ **Servicios especiales:** la oferta es muy variada, según la solicitud del cliente. La calidad de las materias primas, la presentación y el servicio son más esmerados y atractivos. El precio es más elevado que en otras ofertas de *catering.* Suele haber diferentes ofertas en función del servicio y del tipo de celebración. Existe un amplio abanico de menús, que incluso en muchas ocasiones se confecciona a elección del cliente. Los tipos de oferta pueden ser: cócteles, *coffe-break,* banquetes (bodas, celebraciones, etc.).

 Recuerde

La restauración colectiva se clasifica según el nivel de cautividad de su clientela en:

▮ Restauración colectiva social
▮ Restauración colectiva comercial, pública o moderna

Restauración integrada

Es aquella que se encuentra dentro de otro establecimiento que no pertenece a la industria hotelera, como pueden ser:

- **Restaurantes en terminales de transportes:** de aeropuertos, estaciones de tren, de estaciones de servicio en carreteras o autopistas, etc.
- **Restaurantes en centros diversos:** centros deportivos (polideportivos, estadios), centros comerciales (supermercados, tiendas), centros de ocio (juegos infantiles, acuáticos), centros culturales...

2.3. Caracterización

El sector de la restauración colectiva se caracteriza, entre otras cosas, por su dinamismo, su capacidad de adaptación a los tiempos y a los clientes, y su inquietud en los procesos de mejora.

 Nota

El sector de la restauración colectiva se caracteriza por estar en constante proceso de adaptación a los nuevos hábitos sociales y las necesidades de los clientes.

Dentro de la alimentación colectiva, los servicios de restauración social se distinguen fundamentalmente de los servicios de restauración comercial por las condiciones económicas en las cuales se realiza el servicio, por el público al que va dirigido, el lugar donde se presta el servicio, la oferta gastronómica y el precio de facturación.

Para realizar la prestación del servicio a una colectividad hemos de firmar un contrato escrito, con la empresa-cliente. Esta, y no el consumidor final, determina la naturaleza del servicio que se va a ofrecer en sus instalaciones (diversidad, frecuencia de cada tipo de comida, etc.), los requerimientos nutricionales y de calidad, y la información que debe estar disponible tanto para la empresa cliente como para el consumidor final.

Se realizan los servicios en las instalaciones de los clientes (colegios, hospitales, etc.) por lo que el consumidor final es un "consumidor cautivo", lo que significa que tiene muy pocas o ninguna posibilidad de elegir dónde comer y qué comer, y las empresas les ofrecen unos menús sanos y equilibrados, con una valoración nutricional hecha por dietistas y nutricionistas y, en el caso de los colegios, con información adicional a los padres y madres para que complementen la dieta de sus hijos en casa, realizándose además actividades con los niños para la promoción de estilos de vida saludables y buenos hábitos de conducta y alimentarios.

Los servicios de restauración social se prestan en los lugares de trabajo o de vida, o lo más próximos a estos, en locales especialmente habilitados. Tal localización es un factor esencial para comidas que son generalmente tomadas en grupo, en un espíritu de cohesión social, y en un tiempo limitado, debido a imperativos económicos.

El precio del servicio es considerablemente inferior al precio de la restauración comercial. Generalmente se accede a los contratos y a la prestación del servicio mediante concurso público o privado. Es un precio social que incluye unos altos estándares de calidad, higiene y seguridad alimentaria.

2.4. Zonas e instalaciones de establecimientos de restauración colectiva

Los edificios e instalaciones destinados a ser comedores colectivos deben ser concebidos de manera que permitan la higiene de las operaciones desde la llegada de la materia prima hasta el consumo del producto acabado, respetando la secuencia de elaboraciones y, a su vez, evitando circulaciones cruzadas. Esto se conoce como **elaboraciones en línea.** Los materiales de construcción utilizados no deberán transmitir ninguna sustancia nociva para los productos alimenticios.

En el siguiente gráfico se puede ver una ordenación lógica de las instalaciones de un establecimiento de restauración colectiva para realizar las actividades laborales adecuadamente y proporcionar unos estándares de calidad aceptables.

INSTALACIONES DE ESTABLECIMIENTO DE COLECTIVIDADES

Almacenamiento ⟩ Preelaboración ⟩ Elaboración ⟩ Acondicionamiento ⟩ Distribución

Preparación de Alimentos

- Almacenes
  - Cámaras Frigoríficas y Congelación (Alimentos Perecederos)
  - Economato (Alimentos no Perecederos)
  - Productos de Limpieza
  - Desechos Basuras
- Zonas de Preelaboración
  - Zonas Individualizadas para tareas de Preparación de Alimentos (*)
- Zonas de Elaboración
  - Cocinas

Servicio al consumidor

- Área de Acondicionamiento
  - Emplatado
  - Envasado
  - Embalado
- Área de Distribución
  - Servicio de Mesas
  - Autoservicio
  - Transporte a Distancia

(*) En el caso de existir solo una zona para estas tareas, se definirá un plan de situación para evitar los riesgos de contaminación cruzada.

Distintas zonas en establecimientos de restauración colectiva

Estos establecimientos deben disponer de las siguientes zonas:

Cocina o zona de preparación de alimentos

Los principios constructivos y de distribución asociados a esta zona son los siguientes:

■ Los **suelos** deberán ser de materiales impermeables y antideslizantes. Deben estar exentos de grietas o hendiduras y tienen que ser fáciles de limpiar y desinfectar. Para facilitar su limpieza y desinfección, los suelos deben tener una ligera inclinación, para permitir la evacuación de líquidos hacia sumideros provistos de rejilla y sifón que impidan el retroceso de líquidos y la entrada de insectos y roedores.

▎ Las **paredes** tendrán superficies lisas, impermeables y de color claro, para facilitar su limpieza. Los ángulos formados entre paredes, paredes y suelo y paredes y techo deben ser redondeados para evitar acúmulos de suciedad y una limpieza más eficaz.

▎ Los **techos** deben ser construidos de manera que impidan la acumulación de suciedad y la condensación de vapor, por lo que deben ser lisos e impermeables.

▎ Las **ventanas y otras aberturas** estarán dotadas de rejillas de malla, que impidan el paso de insectos y otros animales indeseables. Los bordes internos de ventanas es conveniente que sean inclinados para evitar su uso como estanterías.

▎ La **iluminación** natural o artificial del local no debe alterar los colores del alimento y debe estar protegida con el fin de evitar una caída de cristales al alimento en caso de rotura.

▎ La **ventilación** natural y/o forzada debe ser suficiente para evitar la condensación de vapores y humos en el local. La dirección de la corriente de aire debe ir de la zona limpia a la sucia del local. Los agujeros de ventilación deben estar provistos de algún dispositivo de protección.

▎ Deben existir **lavamanos** dotados de agua potable fría y caliente. Serán accionados a pedal u otro sistema no manual y estarán dotados de jabón líquido, cepillo de uñas y toallas de un solo uso.

▎ Deben existir **zonas de manipulación** de alimentos diferenciadas para preparar productos crudos y elaborados.

▎ Deben disponer de **cubos de basura** de fácil limpieza y desinfección, provistos de cierre hermético y bolsas de un solo uso. El sistema de apertura será por pedal.

Hornos con tecnología punta de uso habitual en las cocinas de catering y colectividades

 Nota

Las nuevas tecnologías nos proporcionan la posibilidad de elaborar alimentos y poder conservarlos al vacío o en atmosfera controlada alargando su vida (4ª gama) u ofrecer platos de última generación preparados y envasados tras someterlos a procesos de higiene que aseguran tanto su salubridad y seguridad como la textura y todas sus cualidades organolépticas originales y que, con una fácil y rápida regeneración, están listos para el consumo (5ª gama).

 Nota

El horno de convección es un ejemplo de maquinaria con tecnología punta que permite elaborar grandes cantidades de comida con estándares de calidad muy altos.

Almacenamiento frigorífico y no frigorífico

Los principios constructivos y de distribución asociados a esta zona son los siguientes:

- Las **paredes, suelos y techos** de los almacenes serán de materiales impermeables, no absorbentes, lisos y de fácil limpieza y desinfección.
- La **iluminación** debe estar protegida y la ventilación será adecuada y suficiente para evitar la acumulación de humos, olores, etc.
- Las **estanterías, bandejas, ganchos, etc.,** destinados a almacenar los productos alimenticios serán de materiales resistentes a las operaciones de limpieza y desinfección y se encontrarán en perfecto estado de conservación, sin roturas, grietas, óxidos, etc.
- En ningún caso, los **alimentos** podrán estar apoyados directamente sobre el suelo, siempre deberán existir elementos de apoyo que lo eviten.
- Los **almacenes** deben ser protegidos de la luz del sol y de la entrada de insectos y roedores.
- Las **cámaras frigoríficas** (refrigeración y congelación) deben disponer de termómetro, situado en una zona que permita su fácil lectura, o bien de dispositivos de registro de temperatura, ambos controlados periódicamente.

Comedor y zona de barra

A continuación, se describen los principios constructivos y de distribución asociados a esta zona:

- Las **zonas destinadas al consumo,** tales como el comedor, la barra, etc., estarán en perfecto estado de limpieza y desinfección, debiendo existir papeleras en número suficiente para que puedan ser utilizadas por el público.
- Los **suelos** serán lisos y de fácil limpieza, mientras que las paredes y los techos no tendrán la obligación de ser lisos, pudiéndose optar por aquel tipo de decoración que se estime conveniente, aunque deberán estar siempre en perfectas condiciones de limpieza.

■ Deben existir **lavamanos** de accionamiento no manual con todo su equipamiento (toallas de papel, jabón, cepillo, etc.) en aquellos establecimientos en los que el personal de barra que sirve tapas y/o alimentos sea distinto al personal de cocina.

■ Todos los **alimentos,** situados tanto en la barra como en cualquier otra zona que no sea la cocina, deberán estar protegidos por vitrinas, que estarán dotadas de sistemas de mantenimiento en frío para alimentos que necesiten refrigeración, o en caliente para aquellos alimentos que así deban mantenerse hasta su consumo.

■ La **cristalería, cubertería, vajilla, etc.** estará siempre en perfecto estado de conservación, desechando aquellos que tengan alguna grieta o rotura.

Recuerda la importancia de desechar cualquier menaje que presente deterioro, considerándose una fuente de contaminación tanto física como biológica.

Servicios higiénicos

Los principios constructivos, de distribución y limpieza asociados a esta zona son los siguientes:

■ Los **servicios** higiénicos deben estar aislados del resto de las zonas o dependencias.

■ Estarán dotados de **lavabo** de accionamiento no manual (válido temporizador), jabón líquido, toallas de un solo uso, cepillo de uñas y de papelera.

■ Las **paredes, techos y los suelos** serán de materiales de fácil limpieza y desinfección y tendrán ventilación natural o forzada.

Vestuarios

Los establecimientos deben disponer de vestuarios aislados de las zonas de manipulación y almacenamiento de alimentos. Estos vestuarios deben disponer de taquillas individuales donde el personal pueda dejar su ropa de calle.

Almacenamiento de basuras

Los principios constructivos, de distribución y limpieza asociados a esta zona son los siguientes:

■ Cuando el volumen de basura generado por el establecimiento haga necesario su almacenamiento, debemos disponer de **contenedores** de cierre hermético y situados en un local aislado del resto de dependencias. En caso de no ser posible disponer de dicho local, situaremos los contenedores en una zona lo más alejada posible de la zona de preparación y almacenamiento de alimentos.

■ Las **paredes, suelos y techos** del local de almacenamiento serán de materiales de fácil limpieza.

Almacén o armario de productos de limpieza

Los productos y útiles de limpieza (detergentes, fregonas, etc.) deben estar en locales o armarios de uso exclusivo.

Recuerda que los productos de limpieza y desinfección, así como los útiles utilizados para ello deberán ser almacenados en dependencias o dispositivos diseñados para ello, no entrando en contacto con los alimentos.

 Nota

Los envases destinados a contener alimentos, tras su consumo no deben ser utilizados para almacenar productos de limpieza.

2.5. Aplicación práctica

A continuación, vamos a ver un caso en el cual una persona está buscando trabajo en su ciudad y entrega su curriculum en una empresa cuya actividad está relacionada con la restauración colectiva. El personal que le atiende le explica las características del puesto de trabajo y a continuación le muestra las instalaciones. Una vez finalizado el recorrido, y de vuelta a casa, decide realizar una descripción y/o plasmar gráficamente las instalaciones del establecimiento.

Zona de recepción de mercancías

Esta zona está compuesta por una entrada directa desde la calle, desde la cual se accede a la zona de recepción de mercancías propiamente dicha, que cuenta con báscula, carros de transporte y carro portapalés.

Además dispone de una oficina donde realizar todas las tareas administrativas que surjan de la recepción de las materias primas. También cuenta con unos aseos.

ZONA DE RECEPCIÓN DE MERCANCÍAS

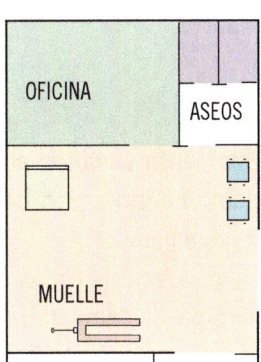

Despensa o economato

Estas instalaciones son destinadas al almacenamiento de los alimentos no perecederos. Está situada junto a la zona de recepción de mercancías y dispone de estanterías y palets para distribuir los géneros por familias (aceites, legumbres, pastas, conservas, etc.).

ECONOMATO

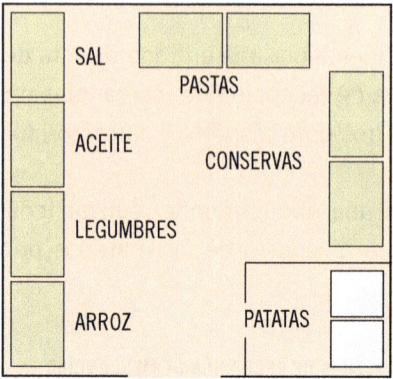

Cámaras frigoríficas y de congelación

Se utilizan para el almacenamiento y conservación de los alimentos perecederos. Esta zona está ubicada a continuación del economato o despensa y cuenta con las siguientes dependencias:

- **Antecámara.** Evita la pérdida de temperatura debido a las constantes aperturas y cierres, además de servir como hall o distribuidor para el acceso a las diferentes cámaras.
- **Cámaras de refrigeración.** Para la conservación a la temperatura adecuada de los productos que requieran bajas temperaturas para su conservación: frutas y verduras (1), huevos y lácteos (2), pescados, carnes y aves (3) y congelador (alimentos congelados).

CÁMARAS FRIGORÍFICAS

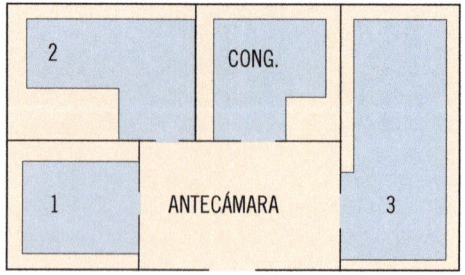

Zona de preelaboración y elaboración de alimentos

La primera es el área donde se realizan las tareas de preparación de los distintos alimentos, para su posterior elaboración. La segunda zona es donde se lleva a cabo la elaboración, mediante los distintos sistemas de cocinado, según el tipo de plato de la oferta gastronómica. Disponen de zonas (cocina caliente, pastelería, platos fríos, desayunos, bebidas) o subzonas (preelaboración de verduras, aves, pescados, carnes, etc.) para evitar el riesgo de contaminación cruzada. La cocina caliente y la zona de preelaboración son las que están más cercanas al área de lavado de vajilla y recipientes y a la sala de deshechos o basuras.

Zona de limpieza y almacenamiento de basuras

Estas están dotadas, por un lado, con la maquinaría y mobiliario necesarios para la limpieza eficaz de todos los materiales que se han usado durante el proceso de preparación y cocinado de los géneros; y por otro, de una dependencia aislada para depositar la basura producida durante la manipulación de los alimentos, ubicada próxima al exterior.

Zona de distribución

Aquí se terminan las elaboraciones culinarias en función del plato de que se trate y/o destino que tengan (emplatado y decoración, envasado/embalado para autoservicio o transporte a distancia, etc.).

Vestuarios, aseos y entrada de personal

Las instalaciones cuentan con una entrada exclusivamente para el personal de la empresa y justo al lado de esta un vestuario y aseos para los trabajadores.

DISTRIBUCIÓN DE INSTALACIONES DE PRODUCCIÓN

OFICINA | WC

DESPENSA | CÁMARAS | VESTUARIOS ASEOS

RECEPCIÓN MERCANCÍAS →

← ENTRADA PERSONAL

← BASURA ◄—

PREPARACIONES

PASTE-LERÍA

LAVADO RECIP. ◄—

PLATOS FRÍOS

COCCIÓN

LAVADO VAJILLA

DESAYU. BEBIDAS

DISTRIBUCIÓN

3. Competencias básicas de los distintos tipos de profesionales de estos establecimientos

Todo trabajador debe poseer una aptitud o capacidad para llevar a cabo las tareas que le corresponde en función a su cargo o responsabilidad. Estas competencias se podrían resumir en la aplicación de la normativa higiénico-sanitaria, de seguridad laboral y de protección ambiental.

En la actualidad, toda empresa alimentaria, incluidas las de restauración colectiva, debe tener implantado un **sistema de autocontrol,** como por ejemplo el APPCC (Análisis de Peligros y Puntos de Control Crítico). Este sistema, entre otros requisitos, dispone que los manipuladores tengan una formación higiénica adecuada a las tareas que realizan. Normalmente dicha formación la consiguen en cursos que conllevan a la adquisición del certificado que acredita los conocimientos relacionados con una correcta manipulación de alimentos.

En la restauración colectiva, el manipulador es el verdadero protagonista. Tiene ante sí la responsabilidad de respetar y proteger la salud de los consumidores.

Debe conocer las bases de lo que constituye una correcta manipulación, aplicando la normativa en todo momento y lugar.

 Consejo

La formación del personal es un punto indispensable, siendo la formación continua un elemento clave para la adquisición de los conocimientos que debe poseer todo trabajador.

Las empresas deben formar a su personal sobre:

- Las posibilidades de ser portador, así como los mecanismos de transmisión de gérmenes patógenos.
- Las condiciones que favorecen el riesgo de aparición de intoxicaciones alimentarias.
- Las medidas de prevención de estos riesgos.

Todo manipulador de alimentos deberá considerar los PGH de la empresa y presentar asepsia durante el proceso de servicio.

La **seguridad laboral** ha adquirido gran relevancia en las empresas. La prevención de riesgos laborales debe considerarse como una cultura de carácter genérico, que no puede ser dada de lado por ninguno de sus miembros. Su adecuada aplicación supondrá una importante mejora de la calidad de vida laboral, lo que trae consigo un aumento y mejora de la calidad y productividad de las empresas.

Con el trabajo del hombre aparecen unos determinados riesgos, que puede dar lugar a errores, incidentes, averías, defectos en la producción y a accidentes de trabajo, los cuales se pueden convertir en daños para la salud de la persona o personas que trabajan allí. Un alto grado de riesgo puede convertirse en peligro, situación que debe ser eliminada, evitada o en todo caso reducida.

Dentro de las industrias agroalimentarias, los daños que las distintas actividades puedan ocasionar van a depender de una serie de factores como son: características de las materias primas, tipo de proceso, productos que se elaboren, la intensidad de la actividad que se realice, recursos materiales que se utilicen (estado de la maquinaria, instalaciones, etc.). Los agentes contaminantes en el sector de la restauración colectiva se originan a lo largo de todo el proceso de producción:

- Recepción, tratamiento y acondicionamiento de las materias primas.
- Procesos energéticos de elaboración (cocción, fritura, gratinado, enfriamiento, etc.).
- Envasado, etiquetado, precintado, etc.
- Almacenado, comercialización, distribución.

LOS RESIDUOS SÓLIDOS SE DEBEN RECICLAR

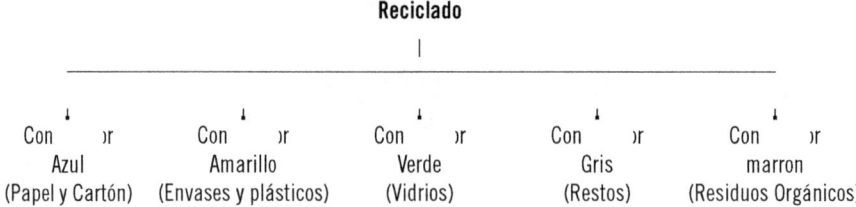

Reciclado				
Con or Azul (Papel y Cartón)	Con or Amarillo (Envases y plásticos)	Con or Verde (Vidrios)	Con or Gris (Restos)	Con or marron (Residuos Orgánicos)

En general, los principales efectos medioambientales que origina la restauración comercial son por el vertido de aguas residuales y la generación de residuos sólidos y, en menor medida, los ocasionados por las emisiones a la atmósfera o los ruidos.

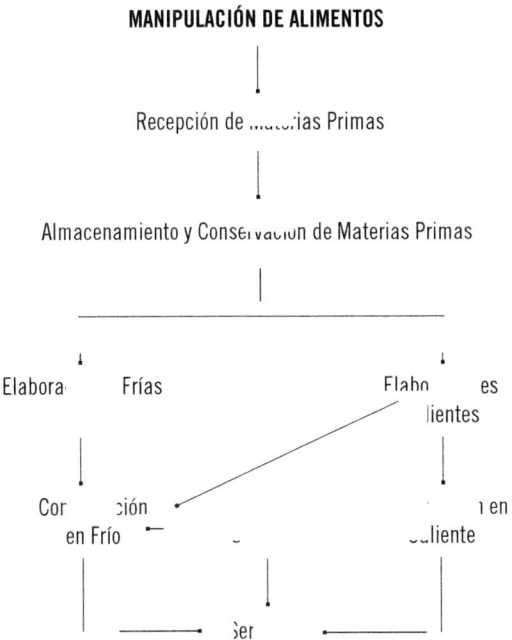

3.1. Personal de establecimientos de colectividades

Además de los profesionales relacionados con los servicios de restaurante y cocina, las empresas de restauración colectiva cuentan con otras figuras necesarias para poder desarrollar su actividad.

En empresas como las de *catering,* será necesario un departamento que gestione todas las tareas de transporte, distribución y montaje, en su caso.

En algunas instituciones o centros de colectividades, debido a sus características, no será necesario un personal de servicio, ya que la prestación de esta actividad es llevada a cabo por empleados que trabajan en las instalaciones.

Como **personal específico** de este tipo de empresas, se pueden citar:

■ **Los dietistas-nutricionistas:** son expertos de la salud en el campo de la alimentación, tanto individual como pública. En este último espacio, su intervención ha modificado el orden e influido notablemente en el desarrollo actual de la seguridad en la restauración colectiva. Se encargan de estudiar, vigilar y recomendar los hábitos alimenticios con el objetivo de mantener o mejorar su salud. Son expertos en la elaboración de dietas para tratamiento de todo tipo de enfermedades, por lo que son fundamentales para empresas que surtan alimentos a hospitales, clínicas, geriátricos, guarderías, colegios, etc.

- **Repartidores:** engloba a los profesionales que, sin pertenecer al sector de la hostelería, suplen al personal de servicio en las tareas de distribución de los platos preparados a los usuarios. Es el caso de los auxiliares en los centros sanitarios o los monitores/monitoras en los centros escolares.

- **Jefe o director de logística:** Es el responsable del departamento de logística y cuya misión fundamental es la satisfacción de la demanda en las mejores condiciones de servicio, costo y calidad. Se encarga de la gestión de los medios necesarios para alcanzar los objetivos y movilizar los recursos adecuados (bienes y servicios) en el lugar justo, en el momento preciso y en las condiciones deseadas, contribuyendo lo máximo posible a la rentabilidad de la empresa. Esta figura es de vital importancia en las empresas de *catering* ya que estas se ven obligadas a mover una cantidad enorme de productos y materiales, en situaciones tan distintas, a lugares muy dispares, y con necesidades muy concretas.

- **Transportista:** Es el personal encargado del manejo de los distintos vehículos de transporte para el traslado de todo lo necesario: alimentos preelaborados o cocinados, materiales, personal, etc. Además de realizar la carga y descarga de los enseres, ayuda en las tareas del montaje de las infraestructuras a utilizar en el servicio posterior. Deberá tener conocimientos en la manipulación de alimentos y en el manejo de maquinaria y elementos específicos como contenedores isotérmicos o cámaras de refrigeración de los camiones, para garantizar la inocuidad de los alimentos y platos elaborados.

4. Resumen

En los últimos años, el número de comidas realizadas fuera de casa ha ido en constante aumento. La restauración colectiva ha seguido esta tendencia, y está en constante auge.

La restauración o alimentación colectiva es aquella que se elabora para un número determinado de comensales superior a los que comprende un grupo familiar.

Las personas, que por diferentes razones, se ven obligadas a realizar su comida en comedores colectivos se les conocen como clientes cautivos.

Dependiendo del grado de cautividad de la clientela, la restauración colectiva se puede clasificar en restauración colectiva social y restauración colectiva comercial, pública o moderna.

El sector de la restauración colectiva se caracteriza por su dinamismo, su capacidad de adaptación a los tiempos y a los clientes, y su inquietud en los procesos de mejora.

Los servicios de restauración social se distinguen fundamentalmente de los servicios de restauración comercial por las condiciones económicas en las cuales se realiza el servicio, por el público al que va dirigido, el lugar donde se presta el servicio, la oferta gastronómica y el precio de facturación.

Los edificios e instalaciones destinados a ser comedores colectivos deben ser concebidos de manera que permitan la higiene de las operaciones desde la llegada de la materia prima hasta el consumo del producto acabado.

Las competencias básicas de todo trabajador de colectividades se podrían resumir en la aplicación de la normativa higiénico-sanitaria, de seguridad laboral y de protección ambiental. En la restauración colectiva el manipulador es el verdadero protagonista, tiene la responsabilidad de respetar y proteger la salud de los consumidores.

Además de los profesionales relacionados con los servicios de restaurante y cocina, las empresas de restauración colectiva cuentan con otras figuras necesarias para poder desarrollar su actividad. Estas estarán integradas en las plantillas de personal o no, dependiendo del tipo de actividad que desarrolle la empresa. Como personal específico se pueden citar los dietistas-nutricionistas, repartidores, jefe o director de logística y transportista.

Ejercicios de repaso y autoevaluación

1. El desarrollo de nuevas tecnologías en el área agroalimentaria ha puesto a disposición de los consumidores los denominados "alimentos servicio", que son aquellos que...

    a. ... están especialmente diseñados para facilitar la preparación y consumo de los mismos.
    b. ... necesitan de largos periodos para su elaboración.
    c. ... requieren de un servicio especial debido a sus características organolépticas.
    d. ... deben ser servidos por personal profesional altamente cualificado.

2. La restauración colectiva va dirigida a grandes colectivos de personas que, por diferentes razones, se ven obligados a comer en centros o instituciones, pero, ¿cómo se conoce a este tipo de clientes?

    a. Cliente fiel.
    b. Cliente cautivo.
    c. Cliente asiduo.
    d. Cliente temporal.

3. Las empresas de *catering* se clasifican en...

    a. ... aéreos, marítimos y ferroviarios.
    b. ... cócteles, *coffe-break* y banquetes.
    c. ... medios de transportes, colectividades y servicios especiales.
    d. ... congresos, comedores escolares y empresas.

4. Dentro de la alimentación colectiva, los servicios de restauración social se distinguen fundamentalmente de los servicios de restauración comercial por:

    a. Las condiciones económicas en las cuales se realiza el servicio.
    b. El público al que va dirigido y el lugar donde se presta el servicio.
    c. La oferta gastronómica y el precio de facturación.
    d. Todas las opciones son correctas.

5. **Los edificios e instalaciones destinados a ser comedores colectivos deben ser:**

    a. Diseñados de manera que permitan la higiene de las operaciones desde la llegada de la materia prima hasta el consumo del producto acabado.
    b. Decorados de forma que el personal que trabaje en ellos se sientan como en casa.
    c. Construidos con materiales que puedan transmitir sustancias nocivas para los productos alimenticios.
    d. Todas las opciones son correctas.

6. **¿Qué características deben reunir las zonas de almacenamiento, frigorífico y no frigorífico, en los establecimientos de restauración colectiva?**

    a. Las paredes, suelos y techos serán de materiales impermeables, lisos y de fácil limpieza y desinfección.
    b. Deben estar protegidas de la luz del sol y de la entrada de insectos y roedores.
    c. Deben existir palés que no sean de madera y aíslen los productos del suelo como mínimo 10 cm.
    d. Todas las opciones son correctas.

7. **Las instalaciones de restauración colectiva deben disponer de...**

    a. ... zona de espera de clientes.
    b. ... garaje para vehículos industriales.
    c. ... cocina o zona de preparación de alimentos.
    d. Todas las opciones son correctas.

8. **Las competencias básicas que debe tener el personal que trabaja en establecimientos de restauración colectiva se pueden resumir en...**

    a. ... la aplicación de la normativa higiénico-sanitaria.
    b. ... la aplicación de la normativa de seguridad laboral.
    c. ... la aplicación de la normativa de protección ambiental.
    d. Todas las opciones son correctas.

9. El director o jefe de logística se encarga de...

    a. ... el manejo de los distintos vehículos de transporte para el traslado de todo lo necesario.

    b. ... la gestión de los medios necesarios para alcanzar los objetivos y movilizar los recursos adecuados.

    c. ... estudiar, vigilar y recomendar los hábitos alimenticios con el objetivo de mantener o mejorar su salud.

    d. ... suplir al personal de servicio en las tareas de distribución de los platos preparados a los usuarios.

10. Coloque los siguientes términos en la columna correcta de la tabla.

- Instituciones religiosas
- *Catering*
- Empresas
- Centros militares
- Centros penitenciarios
- Restauración integrada
- Centros sanitarios
- Centros de enseñanzas

Restauración colectiva social	Restauración colectiva comercial, pública o moderna

Utilización de maquinaria, equipos, útiles y menaje propios del área de restaurante

Contenido

1. Introducción

Tanto la apertura de un nuevo establecimiento de restauración como el funcionamiento habitual suponen un gran gasto económico debido a la adquisición y/o reposición del material necesario para llevar a cabo las actividades propias de la empresa.

Existen muchos elementos, además del económico, a tener en cuenta a la hora de elegir el material, equipamiento y útiles. Un punto importante es el referente a las calidades o marcas de determinados productos que nos ayudarán a realizar nuestro establecimiento. Otros elementos importantes son el tamaño, las formas, el peso, las dimensiones y volúmenes. También debemos analizar los procesos de servicio que ofrecemos, con tal de adecuar el material a nuestras necesidades, así como conocer los *stocks* disponibles de material para adaptarlo a nuestras reposiciones. Además es interesante conocer los procesos técnicos de manufacturación, ya que ello ayudará a conocer los diferentes productos que existen en el mercado y las nuevas tendencias en cuanto a modas y utilización.

En referencia al material que habitualmente se usa en el restaurante, es fundamental que el personal esté adiestrado en cuanto a las técnicas y modos de operación, procedimientos de limpieza y mantenimiento, y aplicación de la normativa higiénico-sanitaria, de seguridad laboral y de protección ambiental.

2. Características del material de restaurante

La dirección de la empresa será la encargada de determinar unos criterios básicos para fijar los tipos, las cantidades y calidades del material, es decir, sus características. Evidentemente, estos criterios estarán sujetos a una serie de factores como la capacidad y categoría del establecimiento, el tipo de oferta, técnica y tipo de servicio, la decoración, así como las posibilidades de inversión que permita mantener unas reservas más o menos amplias.

Las características básicas a tener en cuenta pueden ser las siguientes:

1. El **coste.** Debe ser equilibrado, de tal manera que la empresa sea capaz, no solo de asumir la inversión inicial, sino la continua reposición de material, debida a pérdidas, roturas o desperfectos del mismo.
2. La **durabilidad.** Al seleccionar el material se tendrá en cuenta que exista un equilibrio entre la calidad de fabricación y su resistencia al uso continuado. En este punto, tan importante como la resistencia será el trato que se vaya a dar durante su uso, limpieza y almacenamiento.
3. El **peso.** En la actualidad se tiende hacia materiales ligeros que faciliten el transporte y la manejabilidad a la hora del servicio.
4. La **forma.** Se tendrán en cuenta los diseños, tamaños y volúmenes, así como su funcionalidad. Que sean intercambiables, lo que facilita su almacenaje, y de fácil sustitución, es decir, modelos normalizados y con una producción asegurada en el tiempo.

3. Clasificación y descripción según características, funciones y aplicaciones. Ubicación y distribución

El material que se utiliza en los restaurantes dependerá de las necesidades del establecimiento, atendiendo a su tipología, dimensión, etc. En este apartado incluimos como material todos los artículos que podemos encontrar en un restaurante, tales como maquinaria, mobiliario, vajilla, cristalería, cubertería, etc.

3.1. Maquinaria y aparatos

La dotación en torno a maquinaria y aparatos utilizados en el servicio de restauración diferencia entre aquellos manuales y automatizados, en los que la electricidad tiene un valor fundamental.

Maquinaria eléctrica

Aquí se incluyen todos los aparatos que funcionen con conexión a la red eléctrica.

El calientaplatos

Es un aparato eléctrico cuya misión es mantener calientes los platos que se van a utilizar durante el servicio. Suelen ser metálicos y con forma cilíndrica, están dotados de una resistencia eléctrica y de un termostato encargado de regular su temperatura interior. Su capacidad varía según el formato y suelen estar distribuidos por el comedor en los distintos rangos.

Calientaplatos   Detalle de un calientaplatos

 Nota

Los utilizan fundamentalmente aquellos establecimientos que realizan el servicio con gueridón, evitando así que se enfríen en exceso los alimentos.

El calientafuentes

Consiste en unas bandejas o planchas metálicas que se introducen en el interior de una especie de armario metálico, donde se mantienen calientes para su uso durante el servicio. Al igual que el calientaplatos, su uso suele estar limitado a los establecimientos que realizan el servicio en gueridón. Cuando se utiliza, se extrae una plancha, se coloca en la mesa auxiliar y sobre esta se pone la fuente que contiene los géneros que se van a servir. De esta forma se evita que dichos géneros puedan enfriarse durante las manipulaciones del servicio. Existen diferentes modelos, entre ellos algunos que funcionan con gas, estos mantienen una plancha caliente gracias a la combustión de este producto, en la cual se dispone las bandejas con los alimentos.

Calienta fuentes

Recuerde

A la hora de adquirir material para un restaurante es fundamental tener en cuenta una serie de factores que permitirán obtener los artículos más adecuados a las necesidades del establecimiento, realizando una inversión adaptada a las características y circunstancias de la empresa.

El armario cava

Es también conocido como **vinoteca.** Se utiliza como pequeña bodega durante el servicio, ya que permite mantener los vinos y cavas a distintas temperaturas, en función de las características propias de cada uno de ellos. Suele estar construido en maderas nobles y su interior está separado por estantes donde se colocan las botellas. Su puerta puede ser de cristal o madera. Su funcionamiento es eléctrico y cuenta con varios termostatos que se encargan de mantener las temperaturas adecuadas en función de la zona de que se trate.

Armario cava o vinoteca

TPV (Terminal de Punto de Venta)

Es un aparato electrónico que consiste en un sistema informático a través del cual el personal de sala introduce los pedidos de los clientes y estos datos aparecen reflejados, mediante impresión normalmente, en los diferentes departamentos correspondientes (cocina, bar, bodega, etc.).

Consta de una central, instalada habitualmente en el comedor, y de los terminales ubicados en los diferentes puntos de venta (cocina, pastelería, cafetería, etc.).

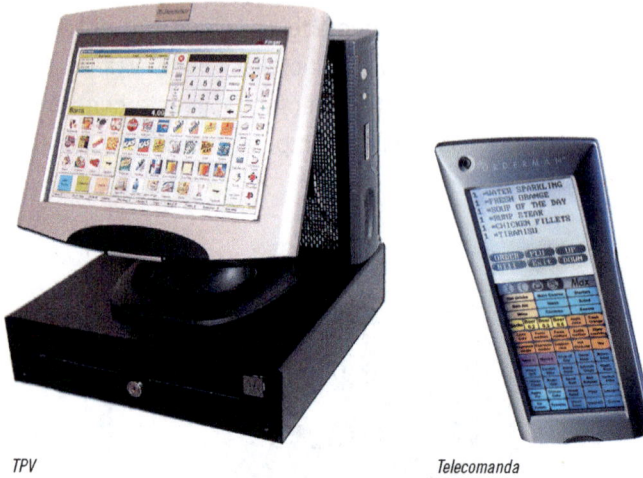

TPV   Telecomanda

 Nota

Con este sistema conseguimos rentabilizar el tiempo, agilizar el servicio y realizar las tareas de facturación y control de forma más eficaz.

Secadoras-abrillantadoras

Son máquinas de funcionamiento eléctrico y que nos proporcionan un secado y abrillantado, en pocos segundos, de todo tipo de cubiertos o de la cristalería, según el modelo. Facilitan y agilizan el trabajo y evitan bastante mano de obra. Debido a su elevado coste, para que sean rentables, se utilizan en establecimientos con un elevado número de servicios. Por ello es más habitual encontrar estos aparatos en restaurantes de gran capacidad o en hoteles.

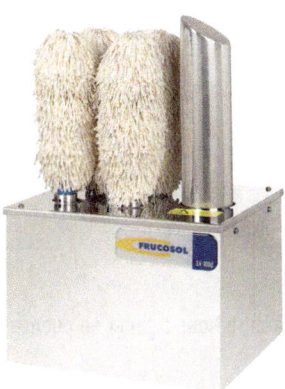

Abrillantadora de cubiertos

Abrillantadora de cristalería

El baño maría

Se emplea para mantener caliente los géneros durante el servicio de bufé. Consiste en un recipiente metálico dentro del cual se introduce agua, colocando encima el depósito donde se sitúan los géneros. La temperatura del agua se mantiene por un sistema de resistencias eléctricas. Disponen además de una tapa para proteger los géneros.

Baños maría de pie y sobremesa

Aparatos manuales

En este apartado se ubican los aparatos que para su funcionamiento no necesitan la electricidad, tan solo la destreza del personal de servicio y, en algunos casos, algún producto como el gas butano o un gel quemador.

 Recuerde

Las características a tener en cuenta en la obtención del material son:

- El coste
- La durabilidad
- El peso
- La forma

El rechaud o infernillo

Se utiliza para cocinar y flambear platos a la vista del cliente. En la actualidad suelen funcionar a gas, utilizándose los de alcohol de quemar como un simple objeto ornamental. Su estructura es metálica y está compuesto de una pequeña bombona de gas, un quemador, un mando para regular la llama y una parrilla sobre la que se coloca la *sauté* o sartén donde se elabora el plato.

Rechaud o infernillo a gas

Chafindish

Es un aparato muy similar al baño maría, utilizándose para la misma función que este. La temperatura del agua se mantiene por un sistema de pequeños infernillos o quemadores que prenden con alcohol o con gel, siendo esto último lo más utilizado actualmente pues evita olores y humos.

Varios modelos de chafindish

Fondue

Consiste en una pequeña olla de barro cocido, loza o de hierro fundido donde se mantienen calientes, mediante un infernillo de alcohol o gel, el aceite, el queso o el chocolate, según el tipo de elaboración. Se complementa con unos tenedores largos con los que los clientes sumergen en el recipiente trozos de alimentos tales como carne, queso, frutas, bizcocho, etc., dependiendo de la *fondue* preparada.

Fondue

 **Nota**

Este aparato se sitúa en el centro de la mesa, siendo común para todos los comensales.

La cona

Esta cafetera de vacío tiene un atractivo aspecto y está pensada para preparar el café en la mesa. Se compone de dos recipientes de cristal con un tubo central y se complementa con un infiernillo de alcohol provisto de un trípode.

El café tiene que ser molido fino y en cantidad adecuada a las tazas que se quieran preparar. Dicho café se coloca en el recipiente superior, mientras que en el inferior se dispone el agua fría correspondiente.

Se enroscan ambos recipientes para cerrar la cafetera y así creamos el vacío. Se coloca esta cafetera sobre el infernillo encendido, el agua se calentará y, al llegar al punto de ebullición, subirá al recipiente superior. Entonces hay que dejar el café en infusión durante tres o cuatro minutos. Al retirar la cafetera del fuego, se forma un vacío en el recipiente interior y la infusión de café desciende nuevamente a la base, absorbida por la fuerza del vacío.

Cona o cafetera de vacío

Prensa de jugos

Consiste en una prensa fabricada en madera y/o metales nobles. Es un utensilio que se emplea en el comedor de los restaurantes para extraer los jugos de carcasas, carnes, etc. Su uso se limita a establecimientos de gran categoría y que elaboren platos a la vista del cliente que necesiten de este aparato.

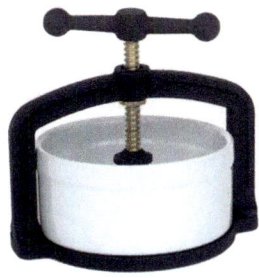

Prensa para jugos

Carros

Son los aparatos de comedor que más realzan el servicio, debido a su vistosidad, tanto en su aspecto externo (normalmente construidos con materiales nobles, maderas, alpaca, etc.), como también por la categoría que confiere al servicio la utilización de estos artilugios. Existen una gran variedad de ellos con características diferentes en función de la fabricación y uso al que se destine.

Carro caliente

Se utiliza para el transporte y servicio de determinados géneros, sus guarniciones y salsas, que requieran mantener la temperatura durante las manipulaciones propias de su servicio. Normalmente este carro se utiliza para las grandes piezas de carne asadas. Consta de una campana, un depósito de agua, que se mantiene caliente mediante unos infernillos situados en la parte inferior, sobre el que se sitúa una placa metálica, encima de la cual va colocado el género principal. Además dispone de unos depósitos para las guarniciones y las salsas, una repisa lateral abatible para colocar el plato sobre el que se va a servir, así como una balda inferior para colocar el material necesario. Su base suele estar construida en metal o madera, y el resto de accesorios son metálicos. En muchos casos la campana suele ser de alpaca.

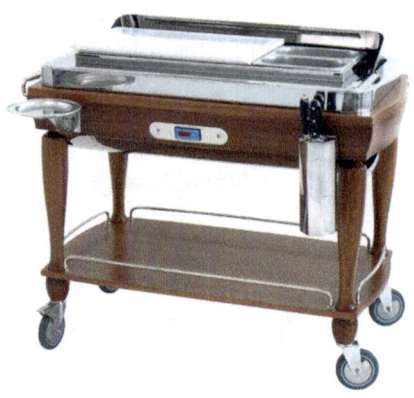

Carro caliente

Carro de entremeses

Como su nombre indica, se utiliza para el servicio de entremeses. Hay dos modelos distintos: de noria y fijo. El primero está formado por cuatro baldas o bandejas, divididas en compartimentos y que giran en forma de noria. En estos compartimentos se colocan los géneros para su presentación y servicio. El carro fijo tiene su superficie dividida en compartimentos, donde se colocan los géneros.

Carro de entremeses tipo noria

Nota

Pueden ser metálicos o de madera y están dotados de ruedas para facilitar el transporte por la sala.

Carro de flambear

Este tipo de carro se utiliza para realizar o terminar platos a la vista del cliente o elaboraciones que requieran ser flambeadas. Lleva incorporado un infernillo (habitualmente de gas), un ala abatible lateral (para aumentar la superficie) y un compartimento para alojar las distintas botellas de licores necesarios.

Carro de flambear

Carro de quesos

Se utiliza para el servicio de quesos. Suelen estar construidos en madera y disponen de una superficie superior, donde se colocan los distintos tipos de quesos, la cual va cubierta por una campana transparente que evita los olores y a su vez permite visualizar el producto. En la parte inferior se disponen los materiales necesarios para el servicio de los quesos en las diferentes baldas de que dispone el carro.

Carro quesos

Carro de postres

Está compuesto por varias baldas donde se colocan los distintos postres, algunas de ellas cubiertas por materiales transparentes (generalmente metacrilato), para proteger el género. Suelen estar construidos en maderas nobles. Existen carros refrigerados para mantener en óptimas condiciones las elaboraciones que necesiten ser mantenidas en frío.

Carro de postres refrigerado

Carro de bebidas

Se emplea fundamentalmente para el servicio de aperitivos y licores. Es de madera y dispone de compartimentos para situar las distintas botellas, así como de varias baldas para el transporte de la cristalería.

Carro de bebidas o licores

Carro de servicio

Se utiliza para el transporte del material limpio durante el montaje de mesas. Es habitual, hoy en día, su uso como apoyo para desbarasar en establecimientos donde el servicio es tipo bufé (hoteles, *self-service*, etc.). En este caso se le acoplan dos cajones a los extremos, uno para depositar los restos de comida y el otro para los cubiertos usados.

Carros de servicio

 Definición

Desbarasar
Acción de retirar los platos a los comensales de una mesa cuando han terminado de comer el alimento. Normalmente el comensal dejará los cubiertos juntos y en dirección al centro de la mesa, este es un comportamiento por el cual la persona que sirve entiende que el comensal ha terminado.

Carro de habitaciones

Se utiliza para el servicio de habitaciones o *room-service* en los hoteles. Son unas mesas plegables con ruedas para facilitar el transporte y el almacenamiento. Disponen de unas alas abatibles en forma de medias lunas que, una vez en la habitación, se despliegan para formar la mesa donde los clientes comerán.

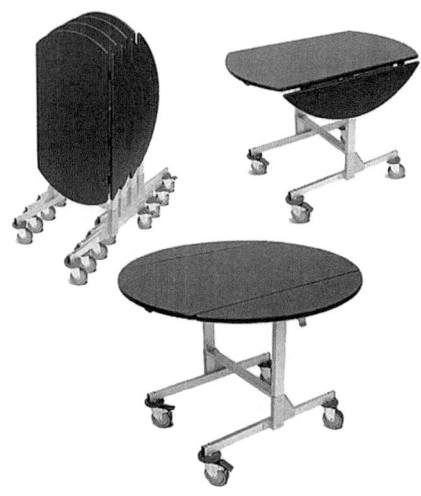

Carros de habitaciones

3.2. Equipos y mobiliario

Se entiende por equipos y mobiliario todos aquellos muebles destinados tanto al uso de los clientes como del propio personal de servicio. Un aspecto fundamental a la hora de elegir el mobiliario y el equipamiento son los materiales de construcción, siendo los más habituales la madera y el metal (acero inoxidable, aluminio, etc.), procurando que sea lo más resistente posible a la vez que ligero, lo que permite una fácil movilidad ante las necesidades de una nueva distribución. En su elección debe primar una serie de cualidades que permitan una perfecta adecuación entre todo el mobiliario y las características propias del establecimiento:

1. Debe estar en consonancia con la categoría del establecimiento, su decoración y el tipo de oferta.
2. Su diseño debe ser el más cómodo posible para el cliente y a su vez para facilitar el servicio al trabajador.

3. Los materiales de construcción deben ser de fácil limpieza y conservación, además de ofrecer la mayor resistencia a su uso diario.

4. Hay que elegir diseños y medidas normalizadas, para facilitar su reposición en caso de rotura o estado deficiente.

Clasificación

El mobiliario y equipos de comedor se pueden clasificar en **dos grupos:** destinado al uso de clientes y destinados al personal de servicio.

Destinados al uso de clientes

La dotación destinada al uso del cliente tiene una doble función. Así, además de facilitar la acción a desarrollar durante su estancia, tendrá una función decorativa.

Mesas

Son esenciales en la prestación del servicio, ya que es el elemento en el que se apoya el cliente para degustar los alimentos. Pueden ser cuadradas, redondas, rectangulares u ovaladas. La elección de un tipo u otro dependerá de las características propias del negocio.

 Consejo

Es conveniente que los establecimientos dispongan de distintos tipos de mesas en cuanto a forma y capacidad, para poder combinar su distribución dentro de la sala.

En cuanto a las dimensiones, tienen que estar en relación con el espacio que una persona necesita para sentirse cómoda. Dicho espacio será de al menos 60 cm pero variará en función de factores como la categoría del establecimiento, el tipo de montaje, tipo de servicio, etc. En este punto es importante que las mesas tengan unas medidas normalizadas, sobre todo en cuanto a anchura y altura se refiere, que permita su unión en función a la demanda prevista. Las mesas más usuales en los restaurantes son las cuadradas, pues rentabilizan mejor el espacio del comedor; aunque las redondas permiten una mejor adaptación al número de comensales, aprovechando mejor la superficie de las mesas. Existe un gran número de tipos de mesas con diferentes medidas:

- **Mesas cuadradas.** Las medidas más usuales son 0,90 x 0,90 m y 1 x 1 m (destinadas para dos, tres o cuatro personas).
- **Mesas redondas.** Suelen oscilar entre 0,60 m, 0,80 m, 0,90 m, 1 m, 1,25 m y 1,60 m de diámetro, en función de que estén destinadas para dos, cuatro, seis u ocho comensales.
- **Mesas rectangulares.** Sus dimensiones varían entre 1,25 m, x 1,75 m, 1,75 m x 0,80 m, 2,60 m x 0,80 m.
- **Mesas ovaladas.** Pueden tener infinidad de medidas, siendo la más característica la denominada **mesa imperial.** Esta se caracteriza por tener el doble de ancho que una mesa normal, en muchos casos no es una mesa en sí, sino que se compone de varias mesas o tableros, unidos o acoplados, pudiéndose completar con unas medias lunas en los extremos.

 Nota

La mesa imperial le confiere al servicio distinción y elegancia, siendo un montaje que, normalmente, se reserva para eventos con cierta relevancia.

La altura de las mesas oscila entre 0,75 m y 0,80 m. Habitualmente las mesas más utilizadas cuentan con cuatro patas, ya sean de madera o metálicas, ya que son las que ofrecen mayor resistencia y estabilidad. También existen mesas con una sola pata central o de "peana", las cuales evitan la incomodidad de las patas para los clientes cuando se unen varias.

Varios modelos y formatos de mesas

Sillas

Las sillas son una de las piezas fundamentales del mobiliario del comedor, ya que de ellas depende que el cliente se sienta cómodo. Contarán con un diseño ergonómico adecuado. Deben ser de peso ligero, estar en consonancia con la decoración general del local y ser de fácil limpieza y conservación. La altura del asiento tiene que ser aproximadamente de 0,45 m, evitándose aquellas que tengan un respaldo excesivamente alto o con grandes brazos, pues dificultan en gran medida el trabajo del personal. El material utilizado en su fabricación es muy variado (madera, metal, plástico, etc.), siendo las de madera las más utilizadas en los restaurantes. Si el establecimiento cuenta entre su oferta con servicios de banquetes, se procurará que sean apilables o plegables para facilitar su almacenamiento y transporte.

Varios modelos y formatos de sillas

Sillas apilables

 Recuerde

Existe en el mercado una gran variedad de mesas y sillas en cuanto a modelos, formas, diseños, dimensiones y materiales.

Se debe hacer un estudio pormenorizado de las que se adaptarán mejor al negocio.

Tronas

Son sillas de tamaño reducido con patas altas para dar de comer a los niños pequeños.

Tronas

Tableros

Se utilizan para el montaje de mesas grandes, empleadas fundamentalmente en la prestación de servicios especiales. Suelen estar construidos con materiales muy ligeros y patas plegables. Deben tener la misma altura y anchura que las mesas, para facilitar su unión, además de disponer de un sistema de carriles o de tornillos que permita unir varios de ellos, mejorando la seguridad y estabilidad. Normalmente permanecen en el almacén a la espera del montaje. Para el montaje de mesas imperiales, es conveniente disponer de medias lunas acoplables mediante tornillos u otro sistema. Al igual que con las mesas, las dimensiones pueden ser muy variadas, aunque, como norma general, suelen tener el doble de largo que de ancho (0,90 m x 1,80 m).

Dentro de estos se incluyen los denominados **suplementos** para unir mesas, consistentes en unos tableros sin patas que se encajan entre dos mesas cuadradas para obtener una mesa rectangular.

También se pueden incluir en este apartado las **galletas** o **aspirinas.** Se conocen comúnmente con estos nombres, dependiendo de la zona y costumbres, a los tableros redondos de grandes dimensiones, que disponen de patas plegables o no. Su uso se limita, normalmente, a eventos o celebraciones con numerosos comensales y se apoyan (en el caso de no tener patas plegables) sobre las mesas del comedor, mientras tanto permanecen almacenadas.

Recuerde

Los tableros, debido a sus dimensiones y a la peculiaridad del plegado, se suelen utilizar en el montaje de mesas de grandes dimensiones o en servicios especiales, como banquetes o bufé.

Tablero y detalle patas plegables de un tablero

Aspirina o galleta y aspirina o galleta con las patas plegadas

Recuerde

Las galletas o aspirinas tienen características y usos similares a los tableros, diferenciándose de estos por su forma circular característica.

Otros

En este apartado se incluyen otros equipos o mobiliarios que pueden encontrase en los restaurantes y que facilitan el servicio dándoles, a su vez, comodidad a los clientes, tales como sofás, butacones, taburetes y/o mesas altas ubicados en la zona de espera de los clientes o barra, cojines para los clientes que lo necesiten, percheros para depositar abrigos, bolsos, etc., paragüeros para depositar los paraguas de los comensales o papeleras-ceniceros ubicadas en la entrada o zonas necesarias.

Otros equipos y mobiliario: perchero, varios modelos de taburetes, paragüero, papelera-cenicero, butacón y mesa alta.

Destinados al uso del personal de servicio

La dotación destinada al personal de servicio se caracteriza por su durabilidad y ergonomía, aunque no hay que olvidar que forma parte de la decoración del comedor, por lo que su adquisición deberá contemplar materiales utilizados, diseño, etc.

Aparador

Tienen como principal función la de auxiliar al personal durante el servicio, utilizándose además como pequeño almacén del material más utilizado y necesario durante el servicio, teniéndolo a mano y evitando así desplazamientos innecesarios al *office* u otras dependencias. Existen infinidad de modelos y suelen estar elaborados en madera. Cuentan con entrepaños en su parte inferior, donde se dispondrá un pequeño *stock* de vajilla, cristalería y lencería, así como también pueden disponer de un compartimento para depositar la ropa sucia. En la parte superior se coloca la cubertería en unos cajones destinados a tal fin, clasificándolos por tipos. En la repisa superior se puede colocar material variado como el infernillo, el comandero, la muletilla, el convoy, etc. Se encuentran repartidos estratégicamente por todo el comedor y en cantidad suficiente en función del número de mesas y camareros, lo ideal es disponer de uno por cada rango.

Aparador

Mesa auxiliar o gueridón

Su misión principal es facilitar el servicio al personal de sala, empleándola como apoyo y en la manipulación de platos a la vista del cliente. Suelen estar construidas de madera ligera y disponer de ruedas en las patas, para facilitar el transporte y una mejor movilidad. Son de forma cuadrada o rectangular y de dimensiones menores a la mesa de los clientes. Algunos modelos tienen un entrepaño donde poder dejar material y/o una balda abatible para disponer de más espacio en caso necesario.

Mesa auxiliar o gueridón

Muebles bufé

Son muebles especiales empleados en el servicio tipo bufé. Existen diferentes tamaños y modelos y disponen de una amplia gama de accesorios que los complementan. Su ubicación, normalmente, es en el centro del comedor, para la exposición de alimentos, bebidas y otros elementos. Pueden ser simplemente decorativos o bien servir para el autoservicio de los clientes.

Diferentes muebles para bufé

Armario lencería

Algunos establecimientos disponen de un mueble donde almacenan toda la ropa de uso habitual en el comedor (manteles, cubremanteles, servilletas, paños de repaso, etc.), por no disponer de lavandería o simplemente para evitar largos desplazamientos. Este armario suele estar ubicado en el mismo salón o en una dependencia anexa.

 Sabía que...

Existen empresas especializadas en la fabricación de muebles bufé que confeccionan estos mobiliarios, a petición de sus clientes, con diferentes medidas, diseños, colores, etc. Pudiendo así aprovechar el espacio disponible en los establecimientos de forma más eficaz y adaptándose a la decoración y categoría del establecimiento, a la vez que realzan la vistosidad de la sala y agilizan el proceso de puesta a punto de los servicios tipo bufé.

Otros

Aquí se incluyen otros equipos o mobiliario que pueden ser habituales en los restaurantes y que facilitan o engalanan el servicio.

I **Atril** situado en la entrada para mostrar la oferta gastronómica del restaurante o para su uso en eventos especiales con oradores o ponentes.

I **Mueble expositor de pared** ubicado en la entrada con información relativa al establecimiento (menú, carta, servicios especiales, etc.).

I También **muebles con funciones decorativas** emplazados en la zona de espera de clientes, antesala a los aseos, etc., donde exponer algún motivo ornamental.

I La **barra móvil,** fabricada en madera o plástico, dotada con ruedas para un fácil desplazamiento, y empleadas habitualmente en acontecimientos especiales.

I **Carteles informativos** de dirección y postes de limitación para informar y orientar al público.

I **Parasoles** para dar sombra en las terrazas.

I Etc.

Otros equipamientos: atriles, barra móvil, sombrilla, poste de limitación y cartel informativo de dirección.

3.3. Útiles y menaje

Los útiles y el menaje se suele clasificar en cinco grupos de artículos, que incluyen básicamente todo lo necesario para el servicio. En este apartado existen una serie de materiales que son de uso habitual en los establecimientos de restauración y otros que se emplean de forma más específica y esporádica, viéndose estos con menos frecuencia en los restaurantes.

Vajilla

También denominada comúnmente **loza,** por ser el material con el que se fabrica habitualmente, también se confecciona con cerámica, vidrio o metal. El tamaño de un recipiente debe estar en consonancia con la cubertería, cristalería, mantelería e incluso con el tamaño de la mesa. En algunos establecimientos, sobre todo en los de gran categoría, llevan impreso el anagrama o logotipo del establecimiento en toda su vajilla.

 Nota

Dentro de un mismo tipo de platos (trinchero, soperos, etc.), y debido a la inmensa variedad que podemos encontrar en el mercado, pueden variar las dimensiones dependiendo del modelo y fabricante.

Las nuevas tendencias han permitido pasar, de los típicos platos redondos y blancos, a una amplia gama de formas (cuadrados, triangulares, ovalados, algunos con pequeñas concavidades, planos, etc.), colores, diseños, materiales y características; pudiendo personalizar y realzar la decoración y presentación del plato en relación a los alimentos a servir. Se pueden encontrar tendencias más personificadas en la que cada alimento de la carta se sirve con un plato diferente. Esta fórmula permite una mejor imagen individual del plato y una muestra de modelos diferentes en una misma mesa. Las piezas más usuales son:

Plato de presentación

Es el plato que se utiliza para el montaje de la mesa y sirve como presentación ante los comensales. Es conocido también como plato base, de respeto o de cortesía y solo se suele usar para servicios a la carta o en acontecimientos especiales. Aunque su diseño y tamaño pueden variar de un establecimiento a otro, suelen ser de 32 a 35 cm de diámetro y de loza o porcelana, aunque también los podemos encontrar metálicos. Sobre él no se sirven alimentos, actuando durante todo el servicio como base para el resto de platos.

Plato trinchero

También llamado **llano** o **liso** por su forma, tiene un diámetro de entre los 27 y 32 cm aproximadamente. Su función es muy variada, emplatándose los productos directamente (verduras, arroces, carnes, pescados, etc.) siempre que no vayan acompañados de caldo o salsa abundante. Algunos establecimientos trabajan con dos tamaños diferentes de este tipo de platos, llamándolos de ración (mayor) y de media ración (menor).

Plato sopero

Es un plato hondo y se utiliza para el servicio de elaboraciones con abundante líquido o salsa: sopas, guisos, calderetas, etc. Debe ir siempre acompañado de un plato trinchero debajo, haciendo la función de posaplato y evitando así que el posible sudor, que desprenda el plato sopero, manche o moje el mantel o el plato base. Suele tener unos 22-25 cm de diámetro.

Plato de postre

Se usa en la presentación y servicio de postres. Su diseño es el mismo que el trinchero con una dimensión inferior a este (unos 20-23 cm). Las últimas tendencias han hecho que este tipo de plato esté un poco en desuso, ya que para emplatar de forma más esmerada y vistosa los postres se suelen presentar en platos de mayor tamaño.

Plato de pan

De similar formato que los platos trincheros y de postre pero de dimensión más pequeña, unos 15-17 cm. Se disponen en la mesa a la izquierda del comensal para depositar el pan o como base para recipientes de pequeño tamaño (boles, teteras, etc.).

Platos y tazas de café e infusiones

Los servicios de cafés e infusiones se componen de la taza, platillo o subtaza, nombre con que se conoce también, y cucharilla. Existen diferentes formatos pero cada taza debe ir acompañada de su plato correspondiente a su tamaño y características. Las capacidades pueden variar dependiendo del fabricante y el modelo, pero se pueden distinguir de mayor a menor volumen: taza de desayuno, de infusiones, de café con leche y de moka.

Plato y taza de consomé

Se usa para el servicio de consomés, caldos y cremas. Son de características similares a los servicios de cafés e infusiones salvo que de mayores dimensiones.

 Nota

La taza tiene la singularidad de poseer dos asas y su volumen es igual o algo superior al de la taza de desayuno, 30 cl aproximadamente.

Rabaneras

Son pequeñas fuentes ovaladas, que pueden encontrarse de diferentes tamaños, y se emplean para el servicio de aperitivos (aceitunas, frutos secos, etc.).

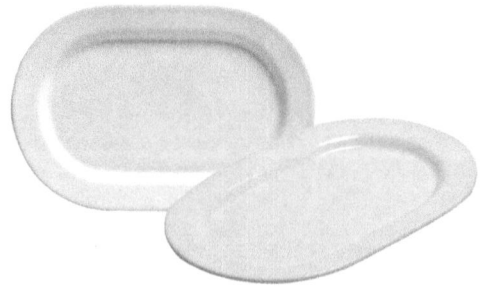

Boles

Son recipientes con base plana y forma de media esfera con funciones muy variadas, desde presentación y servicio de elaboraciones gastronómicas hasta vajilla complementaria o auxiliar (guarniciones, salsas, etc.). Pueden estar elaboradas en loza o vidrio.

Ensaladeras

Recipiente hondo con características similares a los boles, pero de dimensiones mayores, que se usan para el servicio de ensaladas. Existe variedad en tamaños, formas y materiales de fabricación.

Otros

Otras piezas que complementan la vajilla, aunque su uso es menos frecuente, para el servicio y presentación de elaboraciones más específicas son:

▪ **Plato de caracoles.** Está elaborado en acero inoxidable o loza y dispone de doce pequeñas concavidades, para presentar y servir los caracoles.

▪ **Plato de espárragos.** Se caracteriza por tener dos salientes longitudinales ondulados paralelos que atraviesan el plato dejándolo dividido en tres partes, donde se sirven los espárragos (zona central) y sus salsas correspondientes (zonas exteriores) para que no se mezclen.

▪ **Plato de ostras.** Plato con seis concavidades para el servicio de ostras y una más central donde se ubica el limón.

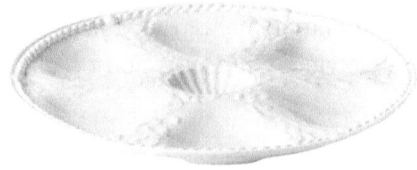

▪ **Plato de *fondue*.** Plato especial con varios compartimentos, donde se disponen los ingredientes, individualmente, que intervienen en la *fondue.*

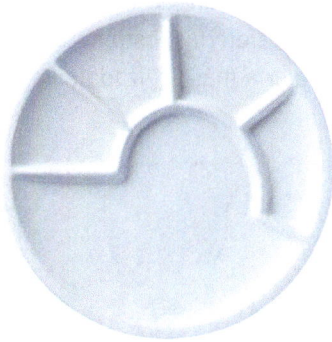

▪ **Plato para pizzas.** De grandes dimensiones, acorde con el tamaño de la pizza a consumir, con el borde o ala del plato muy estrecho.

▪ **Hueveras.** Utensilio en forma de pequeña copa donde se presenta el huevo pasado por agua para su consumo. Pueden estar elaborados en porcelana, loza, metal u otros materiales.

Cristalería

Engloban el conjunto de piezas de cristal, vasos, copas y otros accesorios, que se utilizan para servir y beber líquidos. Es un grupo con una gran variedad en cuanto a tipos y formas. Aunque la mayoría de copas y vasos son de uso frecuente en los bares y cafeterías, esto no implica que no estén presentes en el restaurante. La cristalería más utilizada en el restaurante es:

Copas modelo princesa: cava tipo flauta, agua, vino tinto, vino blanco y licor.

Copa de cóctel martini, copa balón, copa cóctel margarita, copa de helado y copa de cóctel de mariscos.

 Consejo

Se aconsejan modelos fabricados en cristal liso y transparente que permiten apreciar las características del líquido.

Copa de agua

Podemos hallar en el mercado infinidad de modelos y capacidades. Suele ser la copa de mayor tamaño que se pone en la mesa, exceptuando cuando se usan copas para vinos de cierta categoría, con formatos más voluminosos, de estilo burdeos o borgoña.

Copa de vino

Existen muchos tipos de copas de vino (para vino blanco, tinto, grandes reservas, *cabernet, chardonnay,* etc.), dependiendo de las características del vino a servir, aunque las más comunes en restaurantes son las conocidas como burdeos y borgoña.

Copa tipo burdeos   Copa tipo borgoña

 Sabía que...

Hay bodegas que diseñan, mediante enólogos y empresas especializadas en el sector, copas con diseños exclusivos para poder degustar sus mejores vinos apreciando sus características organolépticas de manera más nítida y placentera.

Copa de cava

La más adecuada para el servicio de los vinos espumosos son las de tipo flauta (alta y boca estrecha), quedando en desuso la antigua copa de champagne, baja y de boca ancha, denominada *pompadour.*

Copas de cava: pompadour y tres modelos de tipo flauta

Copas de cerveza

Hay una gran cantidad de tipos de cerveza, con características propias, por lo que para poder apreciar mejor las cualidades de cada una existen modelos muy variados en cuanto a capacidad, diseño, formato, etc.

Vaso y copas de cerveza

Copa de balón

Se utilizan para el brandy y el coñac, pueden ser de diferentes capacidades y tamaños, conociéndose como **copa Napoleón** a las de mayor tamaño, reservándose esta para el servicio de excelentes coñac y brandys. Su nombre proviene de la forma redondeada que la hace singular.

Copa de licor

Son copas de pequeño tamaño, aunque existen también vasitos, usadas para el consumo de licores fríos sin hielo.

Varios modelos de vasitos de licor

Catavinos

Copa alta y estrecha, de diferentes tamaños y capacidades, que se usa para beber vinos generosos (fino, manzanilla, amontillado, oloroso, etc.). También es utilizado en la cata de vinos, aunque para este fin existe la copa afnor, un catavinos con particularidades específicas.

Catavino

Copa de cóctel de mariscos

Se compone de dos partes, la copa propiamente dicha, donde se dispone el hielo picado, y el bol que se encastra en la parte superior, donde se sirven los ingredientes.

 Nota

Está fabricada, habitualmente, en cristal, aunque existen otros materiales, como el acero inoxidable.

Jarras

De diferentes formatos y volúmenes, para variadas aplicaciones: agua, sangría, cerveza, etc.

Ejemplo modelos de jarra de 1,5 l de capacidad

Otros

Otros tipos de cristalería que se pueden utilizar en el restaurante, aunque no suelen ser tan habituales, son las copas de cóctel, café irlandés, aperitivo, zumos, helados; y los vasos *long drink,* de combinación y de media combinación, *on the rock* u *old fashioned.*

Cubertería

Son los útiles empleados de forma manual para servir, cortar, preparar y, especialmente, ingerir alimentos. Son utilizados tanto por el personal de servicio como por los comensales, y en función de la elaboración a manipular o consumir, se usan unos u otros. Los elementos que componen la cubertería son generalmente los tenedores, las cucharas y los cuchillos, aunque existe una gran variedad de cubiertos especiales para determinados géneros. Se puede encontrar una gran variedad de modelos y diseños, pero las dimensiones suelen ser iguales o similares, dentro de cada tipo.

 Nota

Los materiales más empleados en la elaboración de la cubertería son el acero inoxidable, la plata (considerado el material por excelencia en la cubertería), la alpaca, el plástico y la madera.

Cuchara sopera

Es la de mayor tamaño y se emplea para elaboraciones con abundante líquido o caldo (sopas, arroces caldosos, etc.), y normalmente acompaña al plato sopero. También se usa, unida al tenedor trinchero, como pinza para el camarero en el servicio de géneros. Comunmente es conocida como **cuchara de mesa**.

Cuchillo y tenedor trincheros

Son los cubiertos que suelen ponerse en la mesa, incluso antes de que los comensales se sienten, especialmente en servicios a la carta. Son de uso muy frecuente, sobre todo el tenedor, ya que sirven para muchos platos: verduras, carnes, huevos, pescados, etc. También son denominados **cuchillo y tenedor de mesa**.

Cuchara, cuchillo y tenedor de postres

Se destinan para comer postres, así como para otros productos que se ofrezcan en vajillas de similares dimensiones al plato de postre, como es el caso de algunos entrantes o aperitivos. Son algo más pequeños que los cubiertos trincheros y la cuchara sopera.

Pala y tenedor de pescado

Su uso está limitado al servicio y consumo de pescados que no sean de carne gelatinosa o que no necesiten cortarse. El tenedor de pescado se caracteriza por tener una muesca a los lados de las púas. La pala no posee parte dentada y tiene una forma singular, la cual le confiere su nombre.

Cuchillo y tenedor de steak

También conocido como de carne, de sierra o chuletero. Se emplea para las carnes gruesas y/o fibrosas, ya que la hoja del cuchillo, adecuadamente dentada, facilita el corte del producto. El tenedor suele tener tres púas bien afiladas o terminadas en forma de tridente.

Cazo sopero

Útil de grandes dimensiones que se maneja en el servicio de elaboraciones que contengan abundante líquido o caldo y salgan al comedor en soperas (sopas, guisos, etc.).

Cucharilla de café y de moka

Cucharas de tamaño reducido, siendo la de moka más pequeña que la de café, que acompañan al servicio de cafés. Igualmente se emplean para el consumo de elaboraciones que se presentan en recipientes de tamaño reducido como pueden ser algunos aperitivos.

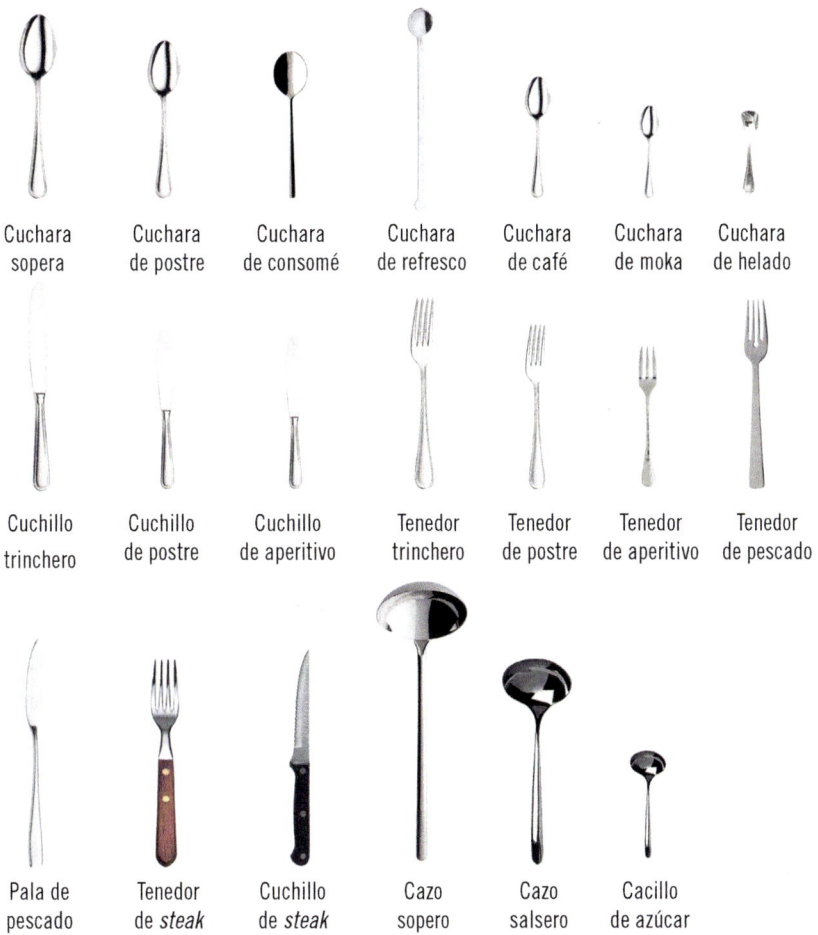

Cuchara sopera	Cuchara de postre	Cuchara de consomé	Cuchara de refresco	Cuchara de café	Cuchara de moka	Cuchara de helado
Cuchillo trinchero	Cuchillo de postre	Cuchillo de aperitivo	Tenedor trinchero	Tenedor de postre	Tenedor de aperitivo	Tenedor de pescado
Pala de pescado	Tenedor de *steak*	Cuchillo de *steak*	Cazo sopero	Cazo salsero	Cacillo de azúcar	

Otras piezas que complementan la cubertería y cuyo uso es para servicios o consumos más exclusivos son:

- Cuchara de consomé.
- Cucharita o pala de helado.
- Cuchillo y tenedor de aperitivo o *lunch*.
- Pala de mantequilla.
- Cuchillo y tenedor trinchante o diapasón.
- Tenedores de: arroz, angulas, ostras, *fondue*.
- Tenazas o pinzas y tenedor o garfio de mariscos.
- Pinza y tenedor de caracoles.

- Pinza de espárragos.
- Cacillos: salsero y azúcar.
- Cucharón.
- Palas: de pastelería, para servir huevos fritos, de canelones, de servir fritos.
- Cascanueces.
- Abreostras.
- Cuchara racionadora con o sin muelle de helados.
- Cuchillos especiales: (jamonero, salmonero, quesos, pomelero).
- Palillos chinos.

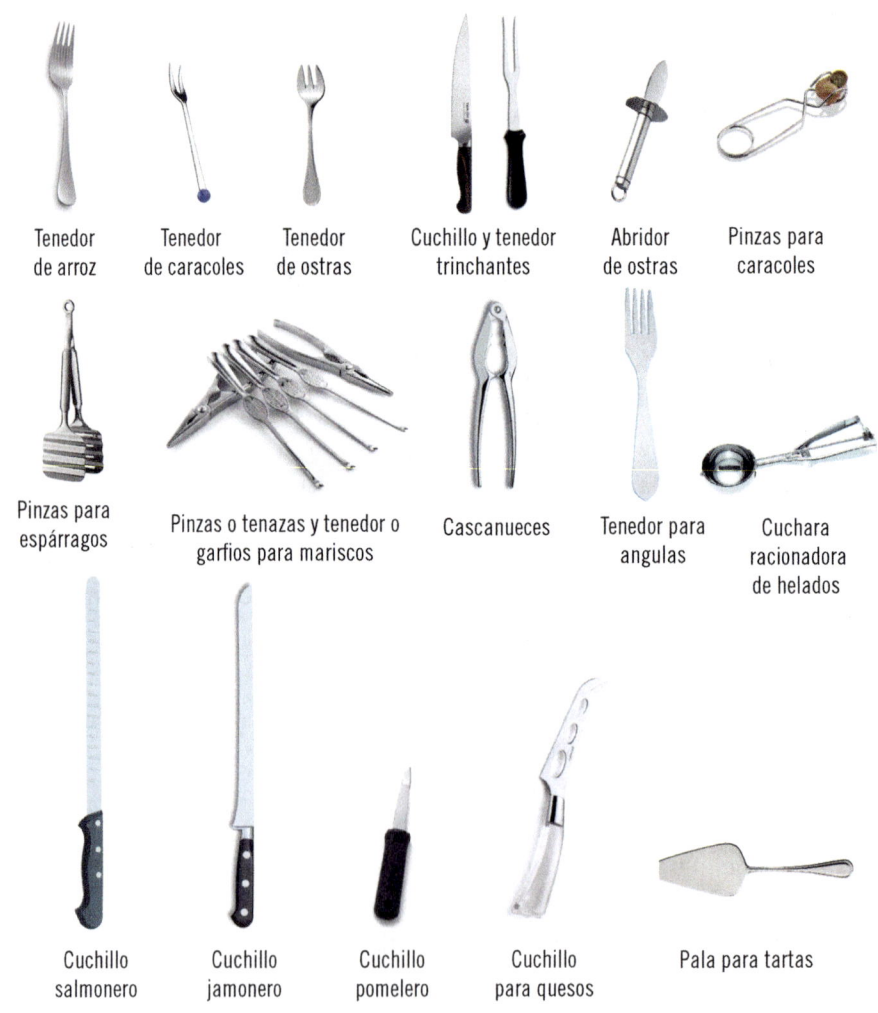

| Tenedor de arroz | Tenedor de caracoles | Tenedor de ostras | Cuchillo y tenedor trinchantes | Abridor de ostras | Pinzas para caracoles |

| Pinzas para espárragos | Pinzas o tenazas y tenedor o garfios para mariscos | Cascanueces | Tenedor para angulas | Cuchara racionadora de helados |

| Cuchillo salmonero | Cuchillo jamonero | Cuchillo pomelero | Cuchillo para quesos | Pala para tartas |

Lencería

En este apartado se incluyen todas las prendas de tela necesarias para vestir, montar y realizar el servicio en los restaurantes. Debe combinarse en diseño y tonalidad, siendo muy habitual la lencería de color blanca, aunque existe en el mercado una amplia gama en cuanto a texturas, colores, formas, dimensiones, etc.

 Nota

Existen manteles y servilletas de un solo uso que poseen una textura muy parecida a los de tela. Estos artículos están muy presentes en restaurantes de estilo más vanguardista.

Muletón

Es una tela más o menos gruesa confeccionada en algodón que se adapta a la superficie de la mesa mediante algún sistema de fijación (cintas atadas a las patas, elástico por todo su contorno, grapas por debajo de la mesa, etc.). Tiene una cara que es afelpada y otra plastificada, siendo esta última la que se dispone pegada sobre la mesa. Es la primera prenda a colocar en el montaje de mesas, quedando por debajo del mantel, aunque no todos los establecimientos disponen de ellos. También se pueden destinar a proteger mesas auxiliares, aparadores y bufés. Las funciones del muletón son:

- Proteger la superficie de la mesa.
- Evitar que se deslice el mantel.
- Evitar ruidos y roturas.
- Absorber los líquidos derramados.

Mantel

Es el tejido con el que se cubren las mesas en el comedor, y se confeccionan en diferentes tejidos y colores. Su forma dependerá de la mesa a vestir (redondo, cuadrado, rectangular, etc.) y la medida será en relación a la superficie de la mesa, teniendo en cuenta que debe tener una caída por los lados de unos 50 cm aproximadamente. Los de mejor calidad son los fabricados en hilo.

Las nuevas tendencias en manteles nos permiten ver en algunos establecimientos los denominados **caminitos,** que son manteles de menores dimensiones que las mesas, en cuanto a anchura se refiere, y atraviesan la mesa de un lado a otro, tanto en horizontal como en vertical, en función del número de comensales.

Cubremantel

Es una pieza de lencería de la misma forma y tejido que el mantel pero de tamaño menor. En cuanto al color, puede ser igual o distinto para poder realizar combinaciones cromáticas embelleciendo la mesa. Se emplea para cubrir y proteger el mantel y debe tener una caída por los lados de unos 20 - 25 cm. Se utiliza cada vez que se monta y se "dobla" una mesa, quedando el mantel intacto. Así evitamos un coste más elevado de lavandería (por kilos de ropa), y la inversión en manteles será más rentable (un cubremantel vale menos que un mantel).

Montaje de mesa con mantel blanco y cubremantel verde crema

Servilletas

Prenda que usan los comensales para el aseo de manos y boca durante la comida, aunque también es utilizada para otros menesteres como en la confección de la **muletilla.** Está fabricada con el mismo tejido que los manteles y su color suele ser igual a este o al cubremantel. Su forma habitual es cuadrada y las medidas más usuales son de 40x40 o 50x50.

Pese a que el montaje de banquetes puede incluir el doblado decorativo de las servilletas, una presentación sencilla es símbolo de calidad.

 Sabía que...

Habitualmente la servilleta se ubica centrada sobre el plato de presentación o base (en su caso), aunque si fuese posible, lo normal es ubicarla en un lateral de los cubiertos del comensal.

Aunque es posible presentarlas con diferentes doblados de forma decorativa, es aconsejable no manipularla en exceso ya que es un elemento de higiene del comensal, de hacerlo se debe extremar la pulcritud (limpieza exhaustiva de manos, uso de guantes asépticos, etc.).

Servilletas de té o cóctel

Son servilletas de menor tamaño, 20x20 cm, y cuyo uso se destina para los servicios de aperitivos, té, meriendas, etc. Es más habitual ver las fabricadas en celulosa que las de tela.

Tira

Se trata de manteles de medidas especiales destinados para vestir grandes superficies como barras para eventos especiales, bufés, mesas de banquetes, etc. No hay medidas estándares, sino que cada establecimiento dispone de tiras con las dimensiones adaptadas a sus necesidades.

Funda para sillas

Es una prenda elaborada normalmente en lino o algodón, de colores variados y casi siempre decorada con un lazo o moña desmontable, cuya característica es la de adaptarse al contorno de la silla cubriéndola por completo. Se suele usar en sillas de poca vistosidad (plástico) para darle mayor encanto al montaje.

Sillas vestidas con fundas

Cubrebandeja

Tela de dimensión y forma igual a las bandejas, y cuya función es evitar que se deslicen los materiales que se transportan, vestir la bandeja y absorber los posibles líquidos derramados. Si no se dispone de esta prenda, se utilizan servilletas para tal fin.

Cubreaparador

Tejidos confeccionados a las medidas de los entrepaños, baldas o estantes de los aparadores, carros u otros muebles, para vestirlos y protegerlos. Se pueden sustituir por servilletas o cubremanteles, según la superficie a cubrir.

Faldón

Prenda que sirve para vestir mesas o mobiliario en general hasta el suelo. La tela puede ser plisada o lisa y suelen poseer un velcro para sujetar el faldón al filo de la mesa, aunque existen manteles, de una sola pieza, que cubren la mesa por completo en todo su contorno.

Mesa vestida con faldón liso de una pieza

Mesa con faldón tableado de velcro

Detalle del velcro de un faldón

Lito

Paño rectangular de color blanco y de uso exclusivo para el personal de servicio, cuyas dimensiones pueden variar. La función principal es auxiliar en el trabajo y se emplea en el repaso del material, limpieza de la boca de la botella de vino en su servicio y del borde del plato, si es necesario, tras elaborar un plato a la vista del cliente, transportar de forma limpia y segura materiales, evitar quemaduras en el traslado desde la cocina de platos, fuentes u otro materiales calientes.

Camarero portando un lito en su brazo

 **Consejo**

Suele llevarse elegantemente enrollado en la muñeca izquierda y cuando este se mancha, cambiarlo por uno limpio o doblarlo procurando que las partes sucias queden cubiertas a modo de alargar un poco más la vida del paño hasta su próximo lavado.

Otros

Para la limpieza y el repaso del material antes del servicio (paños, rejillas, gamuzas, etc.) y prendas para decoración como cortinas o visillos.

Paños de repaso

Varios

Este grupo abarca todos los útiles empleados en el servicio que no engloban los grupos anteriores. Hay una gran cantidad de artículos y la posibilidad de que se dispongan de unos u otros estará directamente relacionada con las necesidades, tipo de servicio, oferta gastronómica, etc.

Estos son:

- Abre chapas o abrebotellas
- Aceiteras
- Angulera

- Azucareros
- Bandeja para facturas
- Bandejas redondas (camarero o limonada) o rectangulares (panderos)
- Cafeteras
- Campanas para fuentes o platos
- Caviaretera
- Ceniceros
- Cepo jamonero
- Cestas de vinos y de pan
- Convoy
- Cubiteras para hielo y para enfriar vinos o *frappés*
- Decantador
- Floreros
- Fuentes ovaladas o plaquet
- Lecheras
- Legumbreras
- Material de imprenta (comandas, talonarios de control y pedidos de material, cartas, etc.)
- Molinillo de pimienta
- Mostaceros
- Números de mesas
- Palilleros
- Pimenteros
- Pinzas para hielo, azúcar, embutidos, bufet, etc.
- Porta cubos o pie de cubiteras
- Recogemigas
- Sacacorchos
- Saleros
- Salseras
- Soperas
- Tablas para ahumados
- Tablas para trinchar
- Tapón vinos espumosos
- Tastevin
- Teteras
- Vinagreras

Sabía que...

El tastevin es el nombre francés de un recipiente cóncavo de pequeño tamaño (20 a 50 cc) elaborado en plata, alpaca u otros metales brillantes y con diversas lunas y tallas, que se utilizaba para comprobar el color y brillo de los vinos. Se ha convertido en el emblema de la cata de vinos, pero resulta poco práctico, hoy en día, para percibir los caracteres olfativos, uno de los aspectos más importantes de la cata.

3.4. Ubicación y distribución

La ubicación y distribución de la maquinaria, equipos, útiles y menaje de restaurante se realizará en base a una serie de circunstancias como son el tipo de establecimiento (sistema de producción, oferta gastronómica, tipo de servicio) y las características del local (situación, accesos, espacios disponibles).

Consejo

El diseño de espacios y el emplazamiento del material debe ser lo más lógico posible en relación con las tareas a realizar por el personal.

Un buen planteamiento se adaptará a las necesidades del personal, del establecimiento y de los clientes, y nos permitirá:

- Obtener la máxima rentabilidad.
- Tener un funcionamiento ágil, cómodo y eficaz de la actividad.

- La aplicación de la normativa higiénico-sanitaria, de seguridad laboral y de protección ambiental.
- Tener una comunicación fluida entre las distintas áreas o departamentos.
- Facilitar la coordinación de tareas comunes.

4. Aplicación de técnicas, procedimientos y modos de operación y control característicos

El desarrollo del trabajo en sala se caracteriza principalmente por el tipo de oferta del establecimiento, influyendo además otros aspectos tales como tipo de servicio utilizado para brindar dicha oferta, maquinaria o útiles utilizados o incluso las características del establecimiento.

Se identifican como técnicas, procedimientos y modos de operación y control característicos en todo proceso de preservicio y servicio de un restaurante procesos como: la técnica de pinceado, el repaso y brillado de cubertería, cristalería y vajilla, la distribución y montaje de mesas y expositores y el control y regulación de armarios cava, timbres y cámaras de refrigeración, así como procesos propios de *mise en place* necesarios según el servicio a ofrecer, entre otros.

4.1. Técnica de pinceado, uso de la bandeja y traslado de vajilla

Todo personal de sala deberá dominar la **técnica de pinceado,** siendo imprescindible tanto para el servicio de las viandas (en algunas de las técnicas de servicio) como para el servicio de pan o la retirada o posicionado de la servilleta.

El uso de las pinzas (cuchara sopera y tenedor trinchero) debe mostrar agilidad y seguridad, cogiéndose con la mano diestra (dedos pulgar e índice), permitiendo la apertura de la pinza. Su uso requiere técnica, siendo fundamental la práctica.

Siempre que se use la técnica del pinceado se deberá servir al cliente por la izquierda.

El uso de las pinzas en algunas de las elaboraciones características de servicio como la finalización de un plato a la vista del cliente, permite el uso de las dos manos, siendo un distintivo de elegancia.

El correcto manejo de las pinzas denota profesionalidad, siendo importante su uso en el servicio y elaboración de alimentos a la vista del cliente.

En torno al **uso de la bandeja,** será fundamental tanto para el montaje y desbarace de la cristalería, como para el servicio de las bebidas o comida, llevando a cabo un servicio clásico y elegante.

Ejemplo de posicionamiento correcto en el transporte de la bandeja

Al contrario del pinceado, la bandeja se llevará con la mano izquierda, quedando libre la mano diestra para el servicio. Su manejo requiere mostrar seguridad, consiguiéndose con la práctica. Será fundamental el proceso de carga y descarga buscando en todo momento su equilibrio, repartiendo el peso de los elementos transportados. La bandeja no se apoyará sobre la palma de la mano, sino que debe quedar suspendida sobre los dedos, permitiendo así su equilibrado.

 Importante

En el caso de usar bandejas submarino, características en el servicio de platos, se llevarán sobre el hombro, siendo un símbolo clásico en el servicio, que denota, además de elegancia, profesionalidad.

Otro de los procesos llevados a cabo en el proceso de montaje y desarrollo del servicio en sala es el **transporte de los platos.** En este caso hay que diferenciar entre el transporte de platos destinados al montaje de mesas, gueridones o islas de bufé y el llevado a cabo para el servicio de los alimentos en mesa, bajo la técnica de servicio a la americana.

En torno al primer caso (montaje de mesas, gueridones, etc.) los platos se llevarán apilados, siempre a la altura de la cintura, facilitando así su transporte.

En el caso de servicio a la americana, se procurará llevar dos platos sobre la mano izquierda y uno más sobre la derecha, que será el primero a disponer hacia el cliente. No es recomendable una carga mayor, ya que no es elegante, más aún si el servicio incluye el uso de campana, ya sea por la técnica utilizada en el servicio o por la necesidad de preservar las características de la elaboración servida.

Ejemplo de posición correcta de dedos en el transporte de platos

 Nota

Pese a que el uso del emplatado con campana pasó a un segundo lugar, en la actualidad, gracias a la incorporación de nuevas técnicas de cocinado, ha vuelto a poner en valor su uso.

4.2. Técnica de repaso - brillado de vajilla, cubertería y cristalería

Pese al uso de productos específicos y maquinaria de limpieza y secado de vajilla, cubertería y cristalería, siempre será necesario llevar a cabo el repaso previo a su presentación al comensal o montaje, eliminando posibles restos de suciedad o cal.

Mientras que para la vajilla y cubertería (siempre que no sea cubertería de plata u oro) el proceso es simple, bastando con el uso de vapor de agua y un paño de hilo, pudiendo adicionar el agua con un porcentaje de alcohol o vinagre, que ayudará a resaltar el brillo. Por el contrario, el repaso-brillado de la cristalería, requiere además de una técnica específica consistente en empañar con vapor el interior y exterior de la copa o vaso, que será siempre sostenida con la ayuda de un paño de repaso, no entrando en ningún momento en contacto con la piel. La cristalería no aceptará la adición de alcoholes o vinagres para su brillado, siendo recomendable, eso sí, una temperatura media-alta del cristal que ayudará a aumentar el brillo.

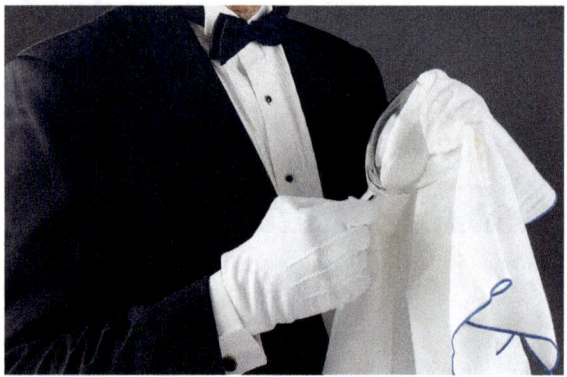

El paño utilizado para el brillado-repaso de la cristalería deberá ser de hilo, pudiéndose complementar la acción con el uso de guantes del mismo material, evitando así cualquier contacto con la piel, restos de pelusa, etc.

 Nota

Otro aspecto a favor del correcto proceso de *mise en place,* relacionado con la cubertería, es la preparación de la denominada muletilla, estando esta representada por el conjunto de cubiertos seleccionados según las necesidades de un servicio. De esta forma se evitará transportar los cubiertos con la mano y agilizará el servicio.

Recuerde

Al igual que nunca se transportarán los cubiertos directamente con la mano, el desbarace de la mesa se llevará a cabo siempre con la ayuda de la bandeja.

4.3. Otras técnicas asociadas al proceso de preservicio y dotación básica del restaurante

La necesidad de conservación de los insumos, así como su adecuación en torno a sus características de servicio hace que todo personal de sala requiera conocer principios básicos en torno a la **regulación de temperaturas** de timbres, armarios cava, cámaras de refrigeración y congelación.

En el caso de las cámaras de refrigeración destinadas a la guarda de agua, refrescos, zumos y batidos, se tiene como temperatura media la comprendida entre 2 y 4 °C, siendo también una temperatura ideal para mantener en estado óptimo otros productos perecederos de uso común como pueden ser cítricos, hierbas aromáticas, etc., muy utilizadas para aromatizar o acompañar bebidas.

Por su lado, la regulación de los armarios cava requiere una mayor atención, ya que la temperatura de guarda y servicio de los vinos será característica según el tipo de vino. De esta forma, es importante diferenciar entre:

Tipo de vino	Temperatura
Tinto reserva y gran reserva	17 °C
Tinto crianza	15 °C
Blanco con fermentación en barrica	12 °C
Generosos	11 °C

Continúa en página siguiente >>

<< Viene de página anterior

Tipo de vino	Temperatura
Rosados y blanco joven seco	10 ºC
Tinto joven	9 ºC
Blanco dulce	8 ºC
Espumoso	7 ºC

5. Aplicación de normas de mantenimiento de uso, control y prevención de accidentes

En este apartado no se pretende hacer un estudio pormenorizado de la Prevención de Riesgos Laborales, ni de la normativa higiénico-sanitaria y de protección medioambiental, para ello están las diferentes leyes y órdenes que se deberán aplicar de forma obligatoria, por parte de las empresas y sus empleados.

En el sector de la restauración es conveniente tener una serie de normas básicas para el mantenimiento, uso y control de los materiales necesarios para la prestación de la actividad laboral, así como unas reglas fundamentales para evitar lesiones o accidentes, tanto para el personal que trabaja en el establecimiento como para los propios clientes.

A continuación, se detalla una serie de medidas tendentes a garantizar unas buenas prácticas que eliminen o aminoren las acciones que entrañen riesgos, lesiones o deterioro de las personas o materiales implicados en la actividad habitual de los establecimientos de restauración.

5.1. Control, mantenimiento y uso de materiales

El menaje y material utilizado en el restaurante supone una gran inversión, por lo que es necesario establecer sobre él un control y mantenimiento exhaustivo, evitando en la medida de lo posible su deterioro y pérdida. Para ello, es importante implantar un procedimiento de uso, consistente en:

■ Realizar inventarios periódicos de todo el material, en uso y almacenado, para poder:

▮ Conocer las cantidades y el estado en que se encuentran.

▮ Dar de baja y reponer las piezas que no sean aptas para su uso.

▮ Saber si se producen roturas o pérdidas exageradas y continuas, debido a una deficiente manipulación o hurto.

▮ Conocer las existencias de almacén para poder afrontar servicios especiales o reposiciones.

■ Trasportar los útiles y enseres de manera apropiada:

▮ La vajilla y cubiertos desbarasados se trasladarán al *office* de forma segura con ayuda del lito, carro de servicio u otros, y la cristalería en bandejas.

▮ Durante la puesta a punto y el montaje, el material se llevará de manera fiable sobre bandejas, carros o manualmente.

▮ El material especial se trasportará en función de sus características con los medios más adecuados para prevenir daños o su inutilización.

■ Manipular correctamente el material:

▮ Evitando roturas y desperfectos, y por lo tanto rentabilizando su coste.

▮ La maquinaria, equipos y útiles se utilizarán con el fin para el cual han sido fabricados y/o diseñados.

▮ Se deben utilizar cestas *(racks)* para el lavado de la cristalería y la vajilla, y cestillos para la cubertería.

▮ Los cubiertos utilizados se dispondrán en cubetas con agua y jabón, antes de su lavado, para que se ablanden y eliminen restos.

▮ La vajilla y la cristalería se deben lavar por separado, en diferentes lavavajillas o una vez se haya cambiado el agua de la máquina de lavado, para evitar que la grasa de la vajilla se impregne en la cristalería.

▮ El material no se utilizará hasta que haya sido repasado y verificado. Por ello, la puesta a punto se efectúa, habitualmente, en el *office* para que salga a la sala o comedor todo en perfecto estado de uso.

- Almacenar el material adecuadamente y en los sitios previstos:

  - Clasificar por tipos, tanto en el *office* para su lavado como en las estanterías o aparadores para su posterior uso.
  - No agrupar pilas excesivamente altas.
  - Cada cosa en su sitio y un sitio para cada cosa. Distribuir de forma uniforme y lógica, ubicando el material de forma que facilite y agilice el servicio.

- Adquirir herramientas, equipos e instrumentos de fácil almacenamiento y renovación.

 Nota

Realizando una correcta manipulación del material se consigue evitar roturas y deterioros, alcanzando una mayor rentabilidad del coste inicial.

5.2. Control y prevención de accidentes

Durante el desarrollo profesional, el personal de sala se enfrenta a multitud de posibles accidentes (cortes, quemaduras, caídas al mismo y distinto nivel, etc.), por lo que será imprescindible tener presente las siguientes consideraciones:

- Adoptar posturas adecuadas para la carga y transporte de material.
- Se debe evitar acarrear y trasladar pesos excesivos (bandejas, carros y pilas de platos exagerados, mesas de grandes dimensiones y peso por una sola persona, etc.).
- Utilizar el lito para evitar quemaduras por altas temperaturas en la vajilla o recipientes de los platos elaborados.
- Advertir a los comensales de posibles quemaduras debido al contacto con la vajilla o recipientes donde se presentan las elaboraciones gastronómicas.

- Al manipular equipos generadores de calor *(rechaud, chafindish,* cafetera, etc.) se debe proceder con precaución para no hacerse ningún tipo de quemadura.

- Los equipos que para su funcionamiento utilicen sustancias inflamables (butano, gel combustible, etc.) se manipularán según nos indique el fabricante y/o la normativa de seguridad vigente, para evitar explosiones o incendios.

- Cuando se derrame algún líquido o resto de comida, señalizar de forma visible y efectiva para eludir caídas o resbalones de los clientes o personal de servicio, pasando a su limpieza en el menor tiempo posible.

- Tras la rotura de un objeto que pueda producir una herida por ser material cortante u otra circunstancia, se debe proceder a su recogida con la mayor celeridad posible.

- No situar o distribuir ningún elemento que obstruya las posibles trayectorias de desplazamientos del personal o clientes para evitar lesiones o accidentes.

- Circular por los itinerarios marcados, especialmente en las entradas y salidas del *office,* para que no se produzcan colisiones con el consiguiente riesgo de daño físico y /o rotura de material.

- La maquinaria eléctrica debe ser desenchufada antes de proceder a su limpieza o desmontaje.

- La reparación de cualquier deterioro o avería en la maquinaria, equipos y demás será efectuada por personal cualificado y autorizado.

- No se debe manipular ninguna herramienta o maquinaria sin el debido conocimiento de su correcto manejo, o sin estar en perfecto estado de uso.

Debido a la gran diversidad de establecimientos con características tan dispares, se pueden crear infinidad de situaciones en las que se deberá actuar de manera diferente, por tanto se deberá proceder desde un racionamiento lógico para cada ocasión, siempre dirigido a repercutir en beneficio de la empresa y los usuarios, o lo que es lo mismo en la calidad del servicio.

 **Importante**

Ante cualquier adversidad o situación crítica, se debe actuar aplicando un racionamiento lógico, que influya positivamente en la calidad del servicio.

6. Resumen

Existen muchos elementos, además del económico, a tener en cuenta a la hora de elegir el material, equipamiento y útiles. La dirección de la empresa será la encargada de determinar unos criterios básicos para fijar los tipos, las cantidades y calidades del material. Las características básicas a tener en cuenta son el coste, la durabilidad, el peso y la forma.

Es fundamental que el personal esté adiestrado en cuanto a las técnicas y modos de operación, procedimientos de limpieza y mantenimiento, y aplicación de la normativa higiénico-sanitaria, de seguridad laboral y de protección ambiental.

El material que se utiliza en los restaurantes dependerá de las necesidades del establecimiento.

La ubicación y distribución de la maquinaria, equipos, útiles y menaje de restaurante se realizará en base a una serie de circunstancias como son el tipo de establecimiento y las características del local. El diseño de espacios y el emplazamiento del material debe ser lo más lógica posible en relación con las tareas a realizar por el personal.

En el sector de la restauración es conveniente mantener una serie de normas básicas para el mantenimiento, uso y control de los materiales necesarios, así como unas reglas fundamentales para evitar lesiones o accidentes.

Debido a la gran diversidad de establecimientos con características tan dispares, se pueden crear infinidad de situaciones en las que se deberá actuar de manera diferente, por tanto se deberá proceder desde un racionamiento lógico para cada ocasión, siempre dirigido a repercutir en beneficio de la calidad del servicio.

Ejercicios de repaso y autoevaluación

1. **¿Qué características básicas se deben tener en cuenta a la hora de adquirir material para un establecimiento de restauración?**

    a. El peso y la forma.
    b. La durabilidad.
    c. El coste.
    d. Todas las opciones son correctas.

2. **¿Qué maquinaria de las siguientes no es de funcionamiento eléctrico?**

    a. Calientaplatos
    b. Armario cava
    c. Rechaud
    d. Calientafuentes

3. **¿Qué es el *chafindish?***

    a. Un aparato que se emplea para mantener caliente los géneros durante el servicio de bufé.
    b. Una cafetera de vacío que está pensada para preparar el café en la mesa.
    c. Un aparato que se utiliza para cocinar y flambear platos a la vista del cliente.
    d. Una máquina de funcionamiento eléctrico que nos proporcionan un secado y abrillantado, en pocos segundos, de cubiertos o cristalería.

4. **En la elección del mobiliario debe primar una serie de cualidades que permitan una perfecta adecuación a las características propias del establecimiento, como...**

    a. ... que debe estar en consonancia con la categoría del establecimiento, su decoración y el tipo de oferta.
    b. ... que su diseño debe ser el más cómodo posible para el cliente y, a su vez, debe facilitar el servicio al trabajador.
    c. ... que los materiales de construcción deben ser de fácil limpieza y conservación, además de ofrecer la mayor resistencia a su uso diario.
    d. Todas las opciones son correctas.

5. ¿Con qué nombre se conocen las mesas que disponen de una sola pata central?

    a. Unipatas.

    b. De peana.

    c. Central.

    d. Todas las opciones son correctas.

6. Los cubiertos de *steak* (cuchillo y tenedor)...

    a. ... también son conocidos como de carne, de sierra o chuleteros.

    b. ... se emplean para las carnes finas y/o poco fibrosas.

    c. ... la hoja del cuchillo no facilita el corte del producto.

    d. Todas las opciones son correctas.

7. ¿Qué es el muletón?

    a. Un paño rectangular de color blanco y de uso exclusivo para el personal se servicio, cuyas dimensiones pueden variar.

    b. Una prenda que sirve para vestir hasta el suelo mesas o mobiliario en general.

    c. Una pieza de lencería de la misma forma y tejido que el mantel pero de tamaño menor.

    d. Una prenda que se adapta a la superficie de la mesa mediante algún sistema de fijación que tiene una cara afelpada y otra plastificada.

8. Relacione los diferentes tipos de carros con las siguientes descripciones.

CARROS	DESCRIPCIÓN Nº
a. Carro caliente	
b. Carro de entremeses	
c. Carro de flambear	
d. Carro de quesos	
e. Carro de postres	
f. Carro de bebidas	
g. Carro de servicio	
h. Carro de habitaciones	

1. Este tipo de carro se utiliza para realizar o terminar platos a la vista del cliente o elaboraciones que requieran ser flambeadas.
2. Está compuesto por varias baldas donde se colocan las distintas elaboraciones, algunas de ellas cubiertas por materiales transparentes (generalmente metacrilato), para proteger el género. Existen carros refrigerados para mantener en óptimas condiciones las elaboraciones que necesiten ser mantenidas en frío.
3. Hay dos modelos distintos, de noria y fijo. El primero está formado por cuatro baldas o bandejas, divididas en compartimentos y que giran en forma de noria. En estos compartimentos se colocan los géneros para su presentación y servicio. El carro fijo tiene su superficie dividida en compartimentos, donde se colocan las elaboraciones.
4. Se utiliza para el servicio de *room-service* en los hoteles. Son unas mesas plegables con ruedas para facilitar el transporte y el almacenamiento, disponen de unas alas abatibles en forma de medias lunas que se despliegan para formar la mesa donde los clientes comerán.
5. Disponen de una superficie superior, donde se colocan los distintos tipos de quesos, la cual va cubierta por una campana transparente que evita los olores y a su vez permite visualizar el producto.
6. Se emplea fundamentalmente para el servicio de aperitivos y licores. Es de madera y dispone de compartimentos para situar las distintas botellas, así como de varias baldas para el transporte de la cristalería.
7. Se utiliza para el transporte y servicio de determinados géneros, sus guarniciones y salsas, que requieran mantener la temperatura durante las manipulaciones propias de su servicio.
8. Se utiliza para el transporte el material limpio durante el montaje de mesas. Es habitual su uso como apoyo para desbarasar en establecimientos donde el servicio es tipo bufé (hoteles, *self-service*...), en este caso se le acoplan dos cajones a los extremos, uno para depositar los restos de comida y el otro para los cubiertos usados.

9. **Rellene las siguientes tablas.**

   a. Coloque los siguientes términos en la columna correcta de la tabla.

   ı *Chafindish*
   ı Mesa
   ı Aparador
   ı Calienta fuentes
   ı Trona
   ı Calientaplatos

- Silla
- Armario cava
- Cona
- Gueridón
- Tablero
- *Fondue*
- Mueble bufé
- Baño maría
- Galleta o aspirina
- TPV
- Armario humidificador
- Rechaud
- Secadora-abrillantadora
- Armario de lencería

Maquinaria Eléctrica	Aparatos Manuales	Mobiliario Clientes	Mobiliario Personal Servicio

b. Coloque los siguientes nombres de materiales en la columna correspondiente de la tabla.

- Cuchara sopera
- Plato de presentación
- Convoy
- Tenedor trinchero
- Muletón
- Cubitera
- Bandeja
- Copa Burdeos
- Lito
- Cuchillo de postre

- Pinza de espárragos
- Catavino
- Pala de pescado
- Servilleta
- Taza de consomé
- Plato de pan
- Copa de agua
- Tenedor de angulas
- Taza de moka
- Copa flauta
- Plato de *fondue*
- Copa de cerveza
- Cazo sopero
- Tenedor de *steak*
- Abreostra
- Copa de balón
- Tira
- Sopera
- Molinillo de pimienta
- Cubreaparador

Vajilla	Cristalería	Cubertería	Lencería	Varios

Capítulo 4
Desarrollo del preservicio en el área de consumo de alimentos y bebidas

Contenido

1. Introducción

El valor de un servicio de restaurante es la suma de los componentes tangibles (comida, precio, confort, etc.) e intangibles (interacción con los empleados, atenciones personalizadas, etc.).

Si analizamos estos elementos, nos daremos cuenta de que existen infinidad de detalles que el cliente percibe en un servicio de restaurante y que quizás en muchos casos el restaurador o el personal de servicio no aprecia suficientemente o no le da el mismo valor que le da el cliente.

2. Proceso y secuencia de operaciones más importantes

En los establecimientos de restauración se realizan una serie de actividades previas al servicio a los clientes: las operaciones de preservicio.

En el argot hostelero estas tareas se conocen como puesta a punto, aunque también la expresión francesa "mise en place" se emplea para designar todas aquellas tareas o trabajos para preparar y disponer todos los elementos necesarios para el posterior servicio. Estas labores nos permiten poner a punto toda la maquinaria, mobiliario, útiles y géneros necesarios para la correcta prestación del servicio.

Este proceso, aunque sencillo, es de vital importancia en las empresas de restauración, ya que permite estar preparados para atender las posibles variaciones de los flujos de la demanda, impide que los tiempos de realización de los servicios se retrasen, evita la improvisación o que nos veamos afectados por la falta de algún género o material y, lo que es más importante, facilita el posterior desarrollo del servicio.

Las fases a realizar en una puesta a punto se clasifican, por orden de actuación, de la siguiente manera:

- Planificadora
- Ejecutiva o mecánica

2.1. Fase planificadora

Una vez conocidas las características del evento, en función de las reservas o del volumen de trabajo habitual (tipos de servicio o evento, número de comensales, platos a servir, horario, etc.), se planifica la distribución del mobiliario, la ornamentación y decoración de las mesas y la sala, el material a utilizar, etc. Cualquier otro servicio necesario deberá ser previsto, para evitar improvisaciones.

El jefe del departamento correspondiente será el encargado, mediante un planning u orden de trabajo, de programar las actividades a realizar e indicar el personal encargado de ellas.

2.2. Fase ejecutiva o mecánica

En esta fase se realizarán todas las operaciones, por parte del personal que haya sido asignado a tal efecto, dividiéndose en los siguientes pasos:

Limpieza del local y mobiliario

En la mayoría de los establecimientos esta tarea está encomendada a un personal específico. El primer *maître* o la persona responsable deben revisar que la limpieza sea la adecuada en todo lo referente a suelos, mesas, sillas, aparadores, motivos ornamentales, etc. Si no existe personal destinado para estas tareas, estas serán realizadas por el personal de sala.

Finalizada la fase de planificación y previamente al montaje de las mesas, el local o comedor deberá estar perfectamente limpio y preparado para acometer las siguientes fases. Hay que evitar utilizar productos de limpieza muy perfumados que puedan dar un olor posterior al local. Para evitar estos problemas, es bueno contar con una ventilación adecuada.

Repaso del material

Esta operación se suele llevar a cabo en el *office* y nos permite preparar todo el material para el servicio, observando posibles desperfectos del mismo o incluso una limpieza deficiente. Todos los elementos a disponer deben ser revisados y repasados para que luzcan en un estado óptimo, es inexcusable que el material que salga al comedor sea presentado al cliente en mal estado de limpieza o deterioro. Todas las tareas de repaso y limpieza serán llevadas a cabo por los ayudantes o, en su defecto, por los camareros.

Recuerde

En la primera parte de la puesta a punto, la fase planificadora, el responsable de la sala programa y asigna todas las tareas imprescindibles para una adecuada ejecución de las mismas.

Montaje de mesas

Terminada la fase de limpieza, hay que pasar al montaje de la sala o comedor: distribuir y calzar las mesas, colocar los manteles, los cubiertos, la vajilla, la cristalería, etc.

Detalle de una mesa totalmente montada

Esta labor correrá por cuenta de los jefes de rango y de sector o, en su defecto, por los camareros, estando en todo momento bajo la supervisión del jefe de sala.

Montaje de material auxiliar

Tras el montaje de mesas se prepara el material y mobiliario auxiliar, así como cualquier otro elemento necesario establecido previamente en la fase de planificación (salseras, juegos de aceite-vinagre, sal-pimienta, cubiteras, recogemigas, etc.).

Montaje del bufé

Es costumbre de restaurantes de máxima categoría la instalación de un bufé de exposición, ubicado en el centro del comedor o en la zona de entrada, meramente decorativo. Es frecuente disponer géneros de primera calidad que realcen el establecimiento, tales como vinos, frutas, menaje, etc., así mismo se pueden servir desde allí los aperitivos y algunas elaboraciones frías.

Bufé de exposición

Colocación de elementos decorativos

En este apartado se hace referencia a los objetos de ornamentación, elementos decorativos de la sala que no sean fijos, tales como las flores o la decoración del bufé. Se pueden colocar centros de flores naturales en las mesas y/o bufé con la precaución de que no huelan demasiado, para que se pueda percibir bien los aromas de la comida, y no dificulten la visión entre comensales.

Detalle de decoración de bufé con fruta tallada y decoración de mesa para banquete con centros de flores frescas

 Nota

Todas estas operaciones de montaje y decoración serán realizadas por los jefes de rango o camareros y los jefes de sector, en su caso.

Aprovisionamiento de materias primas

Previa comanda provisional del *maître* o mediante un vale de pedido firmado por el jefe del departamento, nos abasteceremos en economato, bodega u otro departamento, según corresponda, de los géneros necesarios para llenar las cámaras frigoríficas o botelleros, el armario cava, los carros y el bufé según la previsión efectuada. Estas operaciones serán llevadas a cabo por el barman y sumiller, para las bebidas y los camareros o jefes de rango para los alimentos.

Preparación de cartas y coordinación con la cocina

Una vez que la sala está preparada, el primer *maître* se reúne con el jefe de cocina para coordinar el servicio y establecer cuáles son los platos que conviene recomendar a los clientes, conocer la disponibilidad de determinados géneros por parte de la cocina, etc. Una vez coordinado el trabajo con la cocina, el primer *maître* reúne a su personal para hacer un repaso de los platos de la carta, su composición, elaboración, las recomendaciones del día, etc.

Distribución del trabajo

En función de las reservas existentes, la demanda prevista, el tipo de servicio a realizar y los recursos humanos disponibles, el primer *maître* distribuye la sala en los correspondientes sectores y rangos, asignando a cada uno de ellos el personal necesario para el correcto desarrollo del servicio.

Chequeo a la maquinaria

Comprobar el funcionamiento de los equipos, eléctricos o de otra fuente de energía, para evitar sorpresas de última hora que incidan negativamente en la prestación del servicio.

3. Apertura del local: previsiones y actuación en caso de anomalías

Una vez que todos los elementos están disponibles, el jefe de sala procederá con la fase supervisora y hará las indicaciones pertinentes en cuanto a la ejecución de las fases planificadas. Antes de la apertura revisará que esté impecable el mantel, los cubiertos, las copas, los platos, etc. Pero no solo eso, también revisará cómo están los aparadores y gueridones, los elementos de reposición (cubiertos, copas, platos, saleros, pimenteros, aceiteras, etc.) y cualquier otro punto necesario e imprescindible para un correcto y ágil servicio.

Además de revisar la limpieza de los elementos, debe comprobar que todo ello está colocado de forma correcta. Un plato puede estar limpio pero mal colocado, al igual que un cubierto o una copa.

En esta última fase, cada jefe de rango o camarero deberá:

- Repasar la cristalería de cada mesa con el lito seco, colocándolas boca arriba.
- Colocar correctamente las sillas, a la caída del mantel o ligeramente ladeadas hacia la puerta.
- Confección de muletilla.
- Comprobar los siguientes puntos críticos:

  - Pinzas en número suficiente.
  - Lencería, lozas, cristalería y cubertería de repuesto.
  - Pan.
  - Agua en los ceniceros (si son de este tipo).
  - Mesas calzadas.
  - Uniformidad y aseo personal perfecto (autochequeo).
  - Bolígrafo, encendedor, corta puros, libreta y sacacorchos.
  - Repaso del menú: ingredientes y elaboración básica.
  - "Barrido visual" para subsanar algún olvido.

Sacacorchos y bolígrafo, dos herramientas fundamentales para el personal de servicio

Tras un "barrido ocular" por parte del primer *maître* para comprobar que todo está perfecto y si fuera el caso, de debe reunir a la brigada para explicarles las novedades o anomalías de última hora (platos que han sido eliminados de la carta, particularidades del servicio, etc.). Se procede a la apertura del local, después de haber consultado en cocina si están preparados. Hay que ser respetuosos con la hora que tengamos anunciada de apertura.

Recuerde

La última parte de la puesta a punto, la fase supervisora, es en la que comprobamos, antes de la apertura del establecimiento a los clientes, que todo está en perfecto estado para llevar a cabo un servicio preciso.

 Consejo

Un detalle importante y de profesionalidad es la puntualidad a la hora de la apertura del establecimiento, evitando así posibles esperas de los clientes.

4. Desarrollo del proceso de aprovisionamiento interno de géneros y de reposición de material según tipo de servicio

Todo establecimiento, independientemente de su tamaño, especialidad o categoría, necesita unos aprovisionamientos y reposiciones de los artículos apropiados para llevar a cabo su actividad.

Para que tenga éxito una empresa de restauración hay que tener en cuenta una serie de factores que resultan fundamentales, como son:

- Realizar una gestión eficaz de las compras.
- Llevar a cabo un exhaustivo control de los productos.
- Hacer una eficiente comprobación de que los artículos que llegan al cliente son de su agrado y están en condiciones óptimas.

Es preciso confeccionar un fichero con todos los artículos que se utilicen en la empresa. Cada producto se codifica según su naturaleza en familias (carnes, bebidas, conservas, productos de limpieza, etc.) y estas a su vez en subfamilias (bebidas: leche, cerveza, ron, etc.). Este fichero nos facilitará la información sobre consumos, *stocks* y proveedores.

Definición

Stock
Cantidad que debemos poseer en todo momento de un producto determinado que nos permita hacer frente al consumo habitual de él.

4.1. Departamentos implicados

En este proceso se ven implicados varios departamentos, que dependerán de la magnitud y organización empresarial (difiere bastante la estructura de un hotel de la de un restaurante o una pequeña cafetería).

Debido a que existe una variada tipología de productos, con características propias y cuyas condiciones de almacenamiento y posibilidades de aplicaciones son distintas, es habitual que haya diferentes locales separados para cada tipo de artículo.

Economato

Se trata del departamento que recepciona y almacena los alimentos. Debe estar situado cerca de la zona de producción y de la de recepción, así se evitan grandes desplazamientos por parte del personal del departamento que es el principal consumidor y se facilita y agiliza la labor de los trabajadores de economato y cocina. Es habitual que sean los productos no perecederos los que se guarden en este emplazamiento, pasando los perecederos, una vez hayan superado los controles pertinentes, a ser conservados en las cámaras o congeladores ubicados en los departamentos que los hayan solicitado para destinarlos a su transformación o consumo final.

El habitáculo destinado a economato debe ser suficiente pero no excesivo, existiendo una zona dedicada a tareas administrativas y otra para el acopio de los artículos.

La dotación de las instalaciones se compone de estanterías resistentes y de fácil limpieza, donde se dispondrán las mercancías. Los productos a granel se mantendrán en recipientes de plástico alimentario dotados de tapa hermética que garanticen su conservación. También existirán carros para el transporte, adaptados al espacio disponible y pesos, tanto de gran pesada como de precisión.

La separación entre estanterías será la suficiente para facilitar su acceso y el tránsito entre ellas, así como para permitir una rotación adecuada de los productos.

Las estanterías deberán asegurar la inocuidad de los alimentos, fabricándose en materiales no porosos como el acero inoxidable o PVC de alta densidad, que facilitan su limpieza y desinfección.

Bodega

Corresponde al departamento que acoge las entradas de las bebidas y donde se almacenan. En muchos casos son las mismas instalaciones que las del economato.

Las características son similares a las de economato, salvo que en ocasiones disponen de una zona acondicionada adecuadamente para la conservación de los vinos (bodega) o de equipos específicos que permiten tal función (armarios cava o similares).

El tamaño de la bodega y su dotación estará relacionado con la rotación del vino y las necesidades de conservación, pudiendo integrar zonas dotadas de refrigeración para vinos especiales.

Almacén

Es la sección de una empresa donde se disponen las reservas de los materiales como mobiliario, vajilla, cristalería, cubertería, lencería, etc.; a la espera de las posibles reposiciones o para abastecer las demandas de algún servicio especial para el cual se necesiten una cantidad mayor de útiles de los que se tienen en *stock*.

Lencería

Almacén para la ropa (manteles, cubres, servilletas, paños, etc.). En establecimientos que disponen de lavandería propia, como por ejemplo un hotel, es donde se lava, plancha y almacena este tipo de artículos.

Almacén de artículos de limpieza

Es el habitáculo donde se disponen todos los productos de limpieza, en ocasiones se trata de un mueble. Estos productos deben estar siempre, por motivos de seguridad e higiene, separados de los alimentos e identificados claramente del producto que se trata.

Recuerde

El habitáculo destinado a economato debe ser suficiente pero no excesivo, existiendo una zona dedicada a tareas administrativas y otra para el acopio de los artículos.

Cámaras refrigeradas

Es la zona donde se almacenan y conservan los productos perecederos y congelados (frutas, verduras, pescados, carnes, etc.). Su regulación es fundamental, siendo ideal la existencia de cámaras específicas según la familia del producto a conservar, diferenciando las siguientes:

Alimentos	Temperaturas
Conservas, especias, harinas, azúcar, legumbres y pastas secas, etc.	Entre 15 y 25 °C (temperatura ambiente)
Frutas y verduras	Entre 6 y 8 °C
Pescados y mariscos	Entre 1 y 3 °C
Carnes y despojos	Entre 1 y 3 °C
Lácteos, ovoproductos y productos preelaborados	Entre 2 y 4 °C
Productos congelados	Entre -18 °C y -25 °C

Importante

Siempre que exista una cámara general para la conservación de los alimentos, se deberán considerar premisas como:

▪ Regulación de temperatura y humedad estándar, estando comprendida entre 2 y 4 °C.
▪ Los productos cocinados se almacenarán en los estantes superiores, evitando en la medida de lo posible su contaminación.
▪ Los productos crudos y con posibilidad de goteo se colocarán en los estantes inferiores.
▪ Todo producto será conservado correctamente retractilado para evitar su contaminación.

4.2. Clasificación de los productos

En el sector de la restauración se utiliza una gama muy amplia de productos, por ello se debe tener conocimiento de sus características y aplicaciones antes de su adquisición.

Alimentos perecederos

Son aquellos que tienen un periodo de vida corto, ya que pierden sus cualidades organolépticas rápidamente y necesitan el sistema de refrigeración como medio de conservación. Debido a ello, se compran a diario o dos o tres veces a la semana. En este grupo se incluyen: pescados, mariscos, carnes, huevos, lácteos, frutas, verduras, etc.

Alimentos no perecederos

Estos productos se caracterizan por poder mantenerse en perfectas condiciones de consumo, debido a sus propiedades o métodos de conservación, durante largos periodos de tiempo. En este apartado se englobarían las conservas, especias, condimentos, pastas secas, legumbres, congelados, arroces, vinos, aguardientes, etc. Se suelen adquirir de forma periódica (semanal, quincenal, mensual).

Artículos de duración ilimitada

Es todo el material consumible no alimentario que no requiere de unas condiciones especiales de almacenamiento para su conservación (productos de limpieza y aseo, material de oficina, etc.).

Otro tipo de clasificación

También se deben saber otros aspectos básicos en cuanto a los productos, como:

Categorías comerciales

Existen múltiples productos en el mercado y dentro de estos un, más o menos amplio, repertorio de subproductos. Por ejemplo dentro del café podemos encontrar café natural, mezcla, descafeinado, etc.

Cantidad de productos de cada subfamilia

Se debe determinar qué cantidad de productos se van a utilizar de cada gama. Por ejemplo: marcas de rones: Bacardí, Negrita, Brugal, Barceló.

Características físicas

Cada producto tiene unas cualidades propias en cuanto a aspecto, peso, presentación comercial, etc., que debemos conocer para identificar rápidamente cualquier inconveniente o deterioro del género.

Utilización y rendimiento

Un producto puede ser usado para varias aplicaciones, pero hay que saber cuál es el más adecuado y el uso que se le otorga, así como su rendimiento (mermas, desperdicios, etc.).

Productos análogos

Hay productos que nos pueden servir como sustitutivos porque tienen iguales o similares características.

Precios de mercado

En el mercado hay un extenso margen dentro de un mismo género, por lo que se debe adquirir el mejor producto en relación calidad-precio.

4.3. Procesos de recepción, control y almacenamiento

Una vez que se han comprobado las existencias, analizado las posibles próximas consumiciones o necesidades y confeccionado la documentación pertinente, nos dirigimos al departamento que nos proporcionará la mercancía (economato, bodega, almacén) con el justificante del pedido firmado por el responsable del departamento solicitante (cocina, bar, restaurante). Una vez el personal encargado de suministrarnos los artículos haya realizado su cometido, se deberá actuar teniendo en cuenta las siguientes pautas:

- **Comprobar** que la mercancía que nos entregan se corresponde con el pedido realizado, se ajusta a la documentación que nos facilita el proveedor (vale de pedido) y se encuentra en perfecto estado para su consumo.
- **Clasificar** las existencias según su utilización y naturaleza (consumo inmediato o no, perecedero o no perecedero, etc.).
- **Distribuir** de forma ordenada, por familias y tipo. Cada artículo dispondrá de un espacio que quedará fijado en los estantes mediante carteles para su fácil identificación o se indicará al personal que distribuya y guarde los productos la ubicación correcta y cantidades adecuadas, ya sea mediante documento o alguna otra fórmula. Ningún producto será depositado directamente sobre el suelo.

El diseño y organización de la bodega deberá permitir la rotación de stock, así como la fácil localización del producto, facilitando así la labor de reposición y servicio.

- **Acomodar** los **artículos,** una vez se hayan limpiado y/o repasado según el caso, de forma que sean legibles las etiquetas para favorecer su reconocimiento y agilizar las tareas.
- La organización se hará de tal manera que facilite y garantice la **rotación** de los géneros. Para ello, se deben colocar los más antiguos delante de los más nuevos.

5. Formalización de la documentación necesaria

Para poder proveernos en economato de los artículos que nos servirán para la reposición de géneros, se deberá entregar algún tipo de documento que justifique la salida del pedido en el departamento que nos abastece. Este se conoce como **hoja o vale de pedido,** aunque también puede existir en algunos establecimientos otro documento, una **hoja o vale de pedido interdepartamental o transfer,** que acredita las salidas y entradas de géneros entre distintos departamentos.

 Importante

Las hojas o vales de pedido deberán estar siempre firmadas por el responsable o jefe del departamento solicitante. De lo contrario, no le serán suministrados los productos.

Este tipo de documentos, al ser de carácter interno, podrán estar diseñados según las necesidades de cada empresa, aunque lo habitual es que aparezcan reflejados los siguientes datos:

- Fecha
- Departamento solicitante
- Departamento proveedor (en su caso)
- Código
- Denominación del artículo
- Cantidad del artículo
- Precio unitario y total (en ocasiones)
- Firmas

Vale de pedido

VALE DE PEDIDO

DEPARTAMENTO:				FECHA:	
CÓDIGO	ARTÍCULO	CANTIDAD	PRECIO	TOTAL	OBSERVACIONES

Firma:

Jefe de departamento

Vale de pedido entre departamentos o transfer

HOJA DE PEDIDO DE: _____   A _____

FECHA:

CÓDIGO	ARTÍCULO	CANTIDAD	PRECIO	TOTAL	OBSERVACIONES

Firmas:

Jefe de departamento solicitante   Jefe de departamento proveedor

Además, también se utilizarán **fichas técnicas de productos** para establecer las características que debe tener cada uno de ellos y así conseguir una calidad estándar. A través de ellas se mejora el control de la materia prima que se recepciona y almacena y sirve de apoyo para el encargado de compras, recepción y almacenamiento. Los datos que suelen aparecer en las fichas técnicas son:

- La categoría del producto, la subcategoría y el producto (ejemplo: Categoría: frutas y hortalizas, subcategoría: frutas, artículo: naranjas).
- Características del producto: estado, descripción, características organolépticas.
- Aspecto visual.

- Peso.
- Calibre.
- Origen.
- Codificación con la que el establecimiento identifica el producto.
- Información de conservación.
- Temperatura en el momento de la recepción.
- Tolerancia.

RESTAURANTE HALADO *Departamento Economato*			
FICHA TÉCNICA DE PRODUCTO			
Categoría	Subcategoría	Producto	Código artículo
Grasas	Grasas vegetales	Aceite de girasol	A0001
Descripción del producto	Aceite refinado de semillas de girasol.		
Características organolépticas	Líquido de color amarillo claro casi transparente, con sabor y olor característico, suave y una acidez de 0,2°.		
Aspecto visual	Botella de PET, blanda con cierre hermético transparente.		
Peso/Volumen	1 litro.		
Calibre	Pack 12 unidades.		
Origen	Urzante SL, ciudad agroalimentaria, calle A31500 Tudela , Navarra (España).		
Información de conservación	Conservar en sitio fresco y seco. Consumir antes de la fecha indicada. Taponar después de cada uso.		
Temperatura de recepción	Ambiente.		
Tolerancia	No se aceptarán envases abiertos o defectuosos.		

Ficha técnica de un producto específico

6. Puesta a punto del área de servicio y consumo de alimentos y bebidas

Llegado este punto, es el momento de repasar, ordenar y montar todo el mobiliario y útiles que se utilizarán en el servicio. Cada uno de ellos conlleva una serie de premisas y acciones específicas que se deberán llevar a cabo para lograr una mise en place correcta.

6.1. Aspectos previos

Antes de comenzar el montaje propiamente dicho, hay tener en cuenta una serie de consideraciones:

Elección de la capacidad, tipos de mesas y colocación de estás dentro de la sala en función de las reservas existentes y de la demanda prevista, para un mayor aprovechamiento del espacio disponible.

Alineación correcta de las mesas, procurando hacer coincidir sus esquinas y que el espacio entre mesas sea siempre el mismo. La correcta colocación de las mesas es muy importante, ya que por un lado facilita el trabajo del personal y por otro da una sensación de orden, armonía y eficacia.

Entre mesa y mesa hay que dejar un espacio suficiente para no entorpecer el paso del personal y de los clientes. Esta distancia está en función de la categoría del establecimiento, pero como norma general se establece entre 1,2 m. y 1,5 m. Este espacio entre mesas facilita el trabajo del personal, pero además permite al cliente tener su propia intimidad en la mesa, sin necesidad de oír la conversación del cliente de la mesa de al lado.

Hay que intentar no ubicar mesas o sillas en lugares muy reducidos donde el cliente se encuentre incómodo. En estos casos, es preferible no montar esa mesa o montarla con algún cubierto menos.

Calzar correctamente todas las mesas, utilizando para ello cuñas de corcho o madera, y no chapas o cartones.

 **Nota**

Para realizar un montaje del comedor adecuado hay que comenzar haciendo la estructura correcta de las mesas, es lo que se conoce en restauración como "esqueleto".

6.2. Repaso y preparación del material de servicio

Como material de servicio se entiende todo el conjunto de útiles y herramientas que el profesional de sala va a utilizar durante el servicio. Estos se clasifican en grupos homogéneos, los cuales tienen características comunes y se procederá de igual forma con cada uno de ellos. Así, se encuentra el grupo de cristalería, cubertería, loza, carros, complementos y otros elementos complementarios.

Cristalería

Para repasar la cristalería se utiliza un recipiente con agua muy caliente, colocado sobre un rechaud o infernillo. En su defecto se puede utilizar una jarra o lechera con agua hirviendo sobre un platillo, que se irá calentado repetidamente para mantener el agua caliente.

Cada copa se toma por su base, se posiciona bocabajo sobre el recipiente con el agua caliente y se empaña con vapor, procediéndose posteriormente a su repaso con un paño limpio, introduciendo parte del paño por su boca y girando la copa con el dedo pulgar en su interior y los demás en la parte exterior, para así retirar el vaho por todos los lados a la vez. Una vez repasada cada copa, se coloca boca abajo en bandejas o carros para su posterior utilización, ya sea en el montaje de mesas o con destino al aparador de servicio. El material que no esté perfectamente limpio se devuelve al *office* para su limpieza, desechándose aquel que se encuentre deteriorado.

El paño debe ser de hilo o similar, evitando los que desprendan pelusas como los de algodón, ya que quedarían impregnadas en el cristal, con el consiguiente inconveniente para su utilización.

Cubertería

El primer paso consiste en ordenar las piezas por tipos. Una vez ordenadas, se toman las piezas con un paño, se humedecen con vapor de agua y se repasan, eliminando posibles restos de agua o cal y devolviendo al *office* aquellas que no estén limpias. Hay que poner especial cuidado en el repaso de los tenedores, para evitar que queden restos de suciedad entre sus púas. Una vez limpios, se colocan por tipos sobre una bandeja para su posterior uso, ya sean para el montaje de mesas o con destino al aparador de servicio. También se pueden introducir en un recipiente con agua caliente acompañada de vinagre e ir tomándolos desde ahí con el fin de facilitar su limpieza y obtener un resultado de mayor eficacia.

Los cubiertos, una vez húmedos, se sujetan con parte del paño en una mano y con la otra mano y el resto del paño se repasan, utilizando el dedo pulgar para la parte superior y los dedos índice y corazón para la de abajo. Se debe frotar con cierta energía en forma de vaivén desde la parte superior hasta el mango de cada cubierto. Hay que tener especial cuidado con las sierras de los cuchillos, disponiendo estas hacia la zona exterior del paño, ya que, de no hacerlo, podríamos rasgarlo e incluso producirnos algún corte en la mano.

Una vez repasados, los cubiertos no deben asirse con las manos. Se utilizará un paño, lito, bandeja o muletilla para su transporte.

Loza

Se utiliza un paño para su repaso, tomando los platos uno a uno entre el paño y girándolos entre las manos. Concluiremos repasando el anverso y reverso de los mismos y apilándolos por tipos. Una vez limpios, se trasladan en carros, bandejas o manualmente a los calientaplatos, mesa caliente, aparadores o para el montaje de mesas. Para asegurar una limpieza mayor se pueden mojar los platos ligeramente con un poco de agua avinagrada.

Recuerde

Para repasar cualquier tipo de cristalería se deben usar paños que no desprendan pelusas, de lo contrario se obtendrá un resultado nefasto.

Complementos

Dentro de este grupo se incluyen los saleros, pimenteros, azucareros, vinagreras, aceiteras, mostaceros y otros posibles recipientes que se utilicen para el servicio de salsas. Para estos elementos es importante realizar una limpieza y un repaso periódicos. Para ello, se deben vaciar de su contenido, limpiarlos y volverlos a rellenar. Hay que utilizar productos adecuados al tipo de material con que estén fabricados (cristal, porcelana, acero inoxidable, plata, etc.), enjuagarlos perfectamente y comprobar que están perfectamente secos antes de proceder a su llenado. Si esta limpieza se realiza con la suficiente asiduidad, se evitarán problemas tales como que se apelmace la sal por excesiva humedad, que los orificios de los saleros estén bloqueados, que queden restos secos en el exterior de los recipientes de salsas, etc.

Carros

En función del tipo de carro de que se trate, y sobre todo del material en que esté construido, se utilizan unos productos u otros para su limpieza diaria. Como los materiales más habituales son la madera y el acero inoxidable o metales nobles, en la mayoría de los carros basta con pasar una rejilla humedecida sobre su superficie, procediendo posteriormente a su secado y abrillantado con un paño. Los carros construidos en madera, periódicamente se deben limpiar con productos adecuados a este de material, de esta manera se evita un deterioro rápido y progresivo. Las partes metálicas se limpiarán con asiduidad utilizando productos específicos para cada caso. Especial atención se pondrá en la campana protectora del carro de quesos, pues, debido al fuerte olor de algunos tipos de quesos, requiere una limpieza más profunda con jabón y un buen aclarado.

Nota

Los carros son equipos construidos con materiales nobles que realzan y dan belleza al servicio, por lo tanto deben estar relucientes en todo momento, para lo cual periódicamente se deben limpiar con productos específicos.

Otros

En este apartado se podrían encuadrar el rechaud, el *chafindish,* el calientaplatos, el calientafuentes, etc. Estos aparatos suelen ser metálicos, por lo que su repaso diario consiste en pasar una rejilla o bayeta humedecida y su posterior secado y abrillantado, evitando que se queden restos de agua sobre su superficie. La *fondue* debe limpiarse después de cada uso.

 Recuerde

Si añadimos un poco de vinagre al agua que se usa para el repaso de la cubertería, se eliminan con mayor facilidad y eficacia los posibles restos blanquecinos que produce la cal.

6.3. Montaje de aparadores y de otros elementos de apoyo

Al igual que las mesas, los aparadores y mesas auxiliares que se utilizarán como apoyo en el servicio deben montarse de manera adecuada, consiguiendo así un servicio más ágil y efectivo. Además, se deberá prestar atención a otros elementos como cubos, portacubos y diferentes cestas que también se han de preparar, de lo contrario podría significar retrasos e incidencias durante el servicio.

Aparadores

Primero se colocan los cubiertos (previamente repasados) en los distintos cajones, ordenándolos por tipos y siempre manteniendo el mismo orden de colocación, que se recomienda sea idéntico al orden utilizado en el servicio. Los platos se sitúan en el entrepaño inferior, apilándose por tipos. En los entrepaños superiores se coloca la lencería de repuesto (manteles, cubremanteles, servilletas, etc.). Para facilitar su recuento y manipulación, se coloca con sus bordes más anchos (lomos) hacia el exterior. En el entrepaño contiguo, se coloca la cristalería, boca abajo y sobre un cubreaparador, evitando así roturas del material durante su manipulación. En la parte superior del aparador se suelen disponer el rechaud, convoy, así como cualquier otro menaje auxiliar (bolígrafos, comanderos, etc.), normalmente sobre un cubreaparador. El número de aparadores irá en función de la categoría y capacidad del establecimiento, siendo recomendable que haya uno por rango.

El diseño del aparador permitirá su integración, formando parte de la decoración del salón, presentando un tamaño y distribución acorde con las necesidades de servicio.

Mesas auxiliares o gueridones

Se vestirán con su correspondiente muletón y cubre. Se distribuirán por todo el comedor pegados a la pared. Suelen estar presentes en establecimientos que realizan el servicio en gueridón o que elaboran algún plato de su oferta gastronómica a la vista del cliente. Se recomienda que exista, al menos, uno por cada rango.

Portacubos y cubos

Los portacubos o pies para champaneras se distribuirán por todo el comedor pegados a la pared, para que se pueda acceder a ellos fácilmente desde cualquier mesa y no entorpecer el paso durante el servicio. Los cubos, *frappés* o champaneras se colocarán en el *office* o en el bar, con agua, hielo y lito.

Detalle de cubo con hielo   Portacubo y cubo dispuesto para
el servicio de un vino blanco

Cestas de vino

Al igual que los cubos, estarán preparadas en el *office* o bodega, vestidas con servilletas.

Cestas del pan

Estarán vestidas con servilletas y ubicadas en cada aparador o mesa auxiliar. En el caso de que el pan salga desde la cocina, recién horneado, se dispondrán cerca de la mesa caliente o de la zona desde donde se distribuya.

6.4. Montaje y disposición de mesas y de elementos decorativos y de ambientación según tipo y modalidad de servicio

Una vez que se han tenido en cuenta estos aspectos, el siguiente paso consiste en el montaje de las mesas, teniendo en cuenta el tipo de servicio que se va a desarrollar (a la carta, menú o menú concertado) y procediendo de la siguiente manera:

Vestir la mesa

El primer paso consiste en vestir la mesa. Esta operación se realiza colocando la lencería. Primero, el muletón directamente sobre la mesa; a continuación, el mantel que debe quedar centrado, haciendo coincidir las esquinas con las patas de la mesa. En el caso de que el mantel disponga de anagrama, se debe colocar en el centro de la mesa y orientado hacia la entrada del comedor.

Sobre este se extiende el cubremantel, en el caso en que lo utilice el establecimiento.

Tras calzar la mesa y poner el muletón y mantel, se extenderá el cubremantel, asegurando la misma caída por todos lados.

Disposición de los útiles

Una vez vestida la mesa, se dispone la vajilla, cristalería y cubertería. Para ello es preciso distinguir el tipo de servicio:

A la carta

Para este tipo de servicio, y dado que de antemano no se conoce el menú que va a solicitar el cliente, lo normal es no colocar la cubertería.

Por ello, se dispone el plato base o de presentación (en su defecto el plato trinchero) ya sea al borde de la mesa o a unos centímetros de este. Si el plato cuenta con anagrama de la empresa, este se coloca mirando al cliente y en la parte interior de la mesa. El plato de pan se coloca a la izquierda del plato base, bien haciendo coincidir por una línea imaginaria los bordes superiores de ambos platos, o bien haciendo coincidir, también con una línea imaginaria, el centro del plato base y el borde inferior del plato de pan. Encima del plato de pan se dispone el cuchillo o pala de mantequilla, o en su defecto un cuchillo de postre (este montaje no es habitual en todos los establecimientos).

En cuanto a la cristalería, lo normal es colocar la copa de agua por encima del plato base y centrada sobre este, y a su derecha haciendo una pequeña diagonal la copa de vino y procurando asirla por el tallo o pie. Se dispone la cristalería boca abajo en el caso que el montaje se efectúe para el siguiente día o sucesivos, debiendo proceder a darles la vuelta antes del servicio tras un nuevo repaso, y si es para un servicio inmediato o el mismo día (montaje después del almuerzo para la cena) se colocan boca arriba.

Hoy en día es muy habitual, sobre todo en establecimientos minimalistas, sustituir la copa de agua por un vaso de diseño vanguardista. También es recomendable, para evitar accidentes y por comodidad para el servicio, intercambiar las posiciones de las copas de agua y vino cuando esta última es más alta.

El montaje de mesa para un servicio a la carta debe ser sencillo, ya que no se sabe los insumos que el comensal solicitará.

En algunos establecimientos, si al cliente se le ofrece un aperitivo, se suele poner un tenedor de aperitivo o de postre a la derecha del plato base. En muchos establecimientos se colocan desde un principio el cuchillo y tenedor trincheros, a la derecha e izquierda respectivamente. Una vez que comienza el servicio, y en función de los platos solicitados por los clientes, se irán marcando los cubiertos necesarios.

Las nuevas corrientes culinarias y la implantación de la innovación asociada a los restaurantes de vanguardia, hacen que el montaje de mesas, así como la disposición del menaje, pueda ser característico del establecimiento.

Menú concertado

Para este tipo de servicio, y puesto que sí se conoce lo que el cliente va a consumir, lo normal es montar la mesa con toda la cubertería necesaria.

Los cubiertos se colocan según el orden con que se vayan a utilizar, desde el exterior hacia el interior, y siempre en el lado de la mano que lo va a usar. Los cubiertos de postre se colocan en la parte superior del plato base, entre este y la cristalería.

Recuerde

En el montaje de cubiertos para un menú concertado se colocan en la parte más cercana al plato base los cubiertos que se utilizarán en último lugar.

Estos cubiertos son los primeros que se utilizan

El montaje de los cubiertos para el postre en un menú concertado se realiza en la parte superior del plato base, entre este y la cristalería.

Cubiertos de postre

Para la cristalería, las normas son similares, ya que se montan las copas necesarias en el orden que se van a usar, comenzando por la derecha del comensal.

Para la vajilla, lo normal es montar el plato que se va a utilizar para el primer plato, ya sea sobre el plato base o directamente sobre la mesa.

En ciertos casos, y aunque se conozca el menú, muchos establecimientos optan por montar el plato base, retirándolo posteriormente para el servicio del menú.

Para el plato de pan y el cuchillo de mantequilla, las normas son iguales que en un servicio a la carta.

Ejemplo de montaje de mesa con menú concertado, en el que se observa un marcaje completo, facilitando así la labor durante el proceso de servicio.

En cuanto a la servilleta, no existen normas rígidas, pues hay una gran variedad de formas de colocación. En cualquier caso, se recomienda no manipular en exceso la servilleta, ya que podría mancharse y arrugarse.

Por último, se colocan los complementos, tales como salero, pimentero y número de mesa (a este conjunto se le denomina petit menage).

Cuando se trata de una mesa que incluya un centro de flores o decoración especial, lo normal es realizar esta una vez colocado el mantel y antes de proceder al montaje del resto de la mesa. Esto permite realizar la decoración de una manera más sencilla y sin la dificultad de tener que sortear todo el material, con el riesgo de posibles roturas del mismo y/o accidentes.

Recuerda, al proceder al montaje de las mesas, se deberá tener presente su composición, así los centros florales se colocarán, en primer lugar, procediendo con la vajilla, la cubertería y, finalmente, la cristalería por ser los elementos más frágiles.

6.5. Montaje de servicios tipo bufé, autoservicio o análogos

Un bufé es un tipo de servicio en el que los alimentos se disponen en una o varias mesas acondicionadas para la ocasión, de las cuales los clientes se sirven a discreción los alimentos que les apetezcan.

Se podría definir como un servicio basado en una presentación conjunta de una oferta de alimentos, más o menos decorados, expuestos sobre una superficie adecuada, y distribuidos de forma armónica y racional.

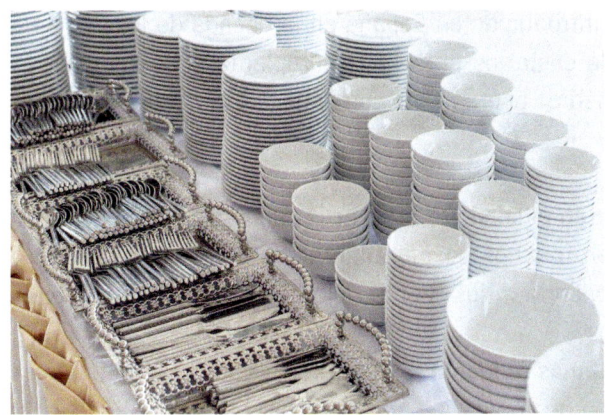

En los servicios de bufé no asistido será el propio cliente el que adquiera el menaje necesario para degustar los alimentos, debiendo tener una fácil localización, estar ordenado y perfectamente limpio.

? Sabía que…

El término bufé es la castellanización de la palabra francesa "buffet", que en su origen designaba al aparador o armario de comedor. Fue adaptada al español "bufete" para denominar a una mesa con cajones o el despacho de un abogado. Es en Francia donde el empleo de esta palabra se empezó a extender para nombrar a la mesa que se montaba y preparaba con alimentos en una reunión, y por extensión a la mesa que se monta en comedores como exposición de algunos manjares a los comensales. Con el paso del tiempo este término se ha internacionalizado, utilizándose para denominar a una clase de presentación y servicio realizado en la restauración.

Se trata de un método muy general para servir a un gran número de personas, proporcionando al comensal poder elegir libremente la cantidad y la diversidad de los alimentos.

En este modelo de servicio, el cliente puede consumir cuanto quiera, y las veces que desee de la oferta expuesta por un precio único preestablecido. Las bebidas generalmente se facturan de forma independiente.

El bufé es introducido en España en la década de los 70, y son los hoteles turísticos de la costa los primeros en implantar este sistema, extendiéndose rápidamente debido al gran éxito comercial y a las grandes ventajas que ofrece, como son:

- **Rapidez en el servicio.** Al estar los alimentos dispuestos en el comedor, se evitan muchos desplazamientos a cocina; además se pueden estar auto-sirviendo varios clientes a la vez, aunque también pueden ser bufés asistidos.
- **Plantilla más reducida.** Es posible atender a un gran número de comensales con poca plantilla, ya que al ser el propio cliente el que se acerca al bufé y se sirve, no es necesario empleados para esto, pudiéndose dedicar a otras funciones.
- **Mayor rentabilidad de la materia prima.** El cliente se sirve la cantidad que estima va a consumir, ajustando realmente las raciones a sus necesidades.
- **Se evitan devoluciones.** El comensal, al estar viendo las elaboraciones, puesto que están expuestas, no se servirá un producto que no le guste o no le convenza.
- **Alta aceptación por parte del cliente.** Tiene la oportunidad de degustar un gran número de elaboraciones diferentes y en la cantidad que le apetezca.

 Recuerde

El sistema de servicio tipo bufé es utilizado hoy en día en numerosos establecimientos de restauración, principalmente en hoteles, debido a su alta aceptación por parte de los clientes y al buen rendimiento para la empresa.

Principios básicos a tener en cuenta

El montaje y puesta a punto de un bufé requiere cumplir al menos con los siguientes principios, teniendo como finalidad principal garantizar la calidad de la materia prima expuesta, sin olvidar realzar su vistosidad. Al mismo tiempo, no hay que olvidar la necesidad de rentabilizar el producto, así como conseguir la aceptación del cliente. Por todo ello, es importante indicar:

1. Los bufés son servicios asociados a comedores de hoteles que tienen establecidos así su sistema de ejecución de desayunos, almuerzos o comidas y cenas.
2. También son vinculados con grandes bufés de celebración, los cuales son montados específicamente para un evento concreto.
3. Disponen de gran variedad de productos y elaboraciones.
4. En ocasiones, las piezas son presentadas enteras, con laboriosas y sofisticadas decoraciones.
5. Admite productos para elaborar y/o racionar a medida que el cliente lo solicite.
6. Pueden estar o no asistidos dependiendo de la mecánica de servicio, pero siempre se deberá estar pendiente del mantenimiento y reposición de las elaboraciones y productos expuestos.
7. La competencia profesional del personal de sala deberá estar en consonancia con las ejecuciones que se desarrollarán durante el servicio, atendiendo a las características específicas del bufé.
8. La asistencia de mesas será llevada a cabo según las directrices marcadas con anterioridad, habitualmente mediante desbarasado y montaje de mesas para su doblaje. El servicio de bebidas, normalmente, es realizado por el personal de comedor directamente en mesa.
9. Se deben planificar de forma práctica y funcional, además de facilitar su buena presentación constantemente.
10. La decoración y presentación deben estar acordes con el establecimiento, así como corresponderse con el tipo de celebración o evento.
11. Permite la oferta total o parcial de las elaboraciones y productos a ofrecer. Se pueden acondicionar los entrantes o primeros platos en bufé y los segundos ofrecerlos en formato carta.

12. Se deben prever y disponer útiles y materiales en suficiente cantidad y según necesidades, en un orden lógico, así como de fácil manejo para los clientes.

13. Las mesas deben estar montadas con los enseres necesarios para el consumo de la oferta gastronómica, o en su defecto deberán estar disponibles en el bufé.

14. Se debe tener constancia de que los clientes están informados de la dinámica del servicio establecido. De lo contrario, el personal de sala debe comunicárselo.

15. Aunque los comensales dispongan de todo el material y de los productos fácilmente, no se debe descuidar, en ningún momento, el control de la sala o comedor y la atención al cliente. Esto podría deparar la realización de un servicio inadecuado o incorrecto, con las consiguientes repercusiones negativas para el establecimiento o empresa.

Clasificación de los diferentes bufés

Existen distintas clases según sus características; y pueden clasificarse atendiendo a diversos factores o criterios.

Según el cometido que realizan

El montaje de un bufé puede perseguir diferentes cometidos, diferenciándose principalmente entre la necesidad de exponer o dar a conocer un producto concreto, servir como elemento de apoyo para un servicio o como exposición de oferta gastronómica a degustar por el comensal, siendo esta última opción la más habitual:

■ **Exposición.** Es aquel que se monta como reclamo. A través de él se da información al cliente sobre ciertos platos o géneros de los que dispone el establecimiento. Puede ser solo de bebidas, si lo que se pretende es resaltar la excelencia de los vinos de la bodega del restaurante. En definitiva, es una muestra o escaparate que expone el restaurante al cliente dándole a conocer su oferta, o parte de ella, de una manera muy particular, vistosa y creativa.

■ **Parcial o de apoyo al servicio.** Estos se montan para facilitar el servicio de comidas, cubriendo generalmente uno de los grupos de platos que componen el menú o la carta. Lo más habituales son los de las entradas (ensaladas, cremas, entremeses, etc.) y los de postres (tartas, frutas, hojaldres, etc.). Con este tipo de bufés, el servicio gana en rapidez ya que desde la sala se sirve uno de los platos de los que se compone la comida del cliente, evitándose los desplazamientos a otros departamentos.

Ejemplo del montaje de un bufé de apoyo al servicio de postres, formado por frutas y pequeñas elaboraciones de pastelería

■ **General.** Es aquel que engloba toda la oferta de comida, bien sea un desayuno, almuerzo o cena. En esta fórmula, se presentan todos los géneros en el bufé, diferenciándolos por zonas o grupos. La presentación se puede realizar:

    ■ **En bloque,** es decir, en una sola superficie se establecen zonas o grupos de alimentos, cuya colocación se rige por el orden lógico de servicio. Primero las entradas, luego los pescados, las carnes, etc.

    ■ **En módulos separados,** en cada uno de ellos se presenta un grupo o tipo de alimentos.

Según la hora del servicio

Según la hora del servicio se diferencian principalmente cuatro tipos de bufés:

- Desayuno
- *Brunch*
- Almuerzo / comida
- Cena

La composición de un bufé se relaciona con el servicio a cubrir, siendo el servicio de desayunos uno de los más característicos, ofreciendo gran variedad de productos de bollería, panadería, cereales, etc.

 Definición

___

Brunch
Comida realizada a últimas horas de la mañana o a comienzos de la tarde. Este vocablo es un anglicismo, que por su contenido se suele definir como una combinación entre desayuno *(breakfast)* y almuerzo *(lunch)*.

___

Según el tipo de comida que compone la oferta

Según el tipo de comida expuesta, se diferencia entre:

▮ Frío
▮ Frío-caliente
▮ Postres
▮ Ensaladas
▮ Temático (Navidad, comida regional...)

Según su distribución

Se pueden diferenciar entre:

▮ **En un solo bloque.** Este puede ser estructurado, en forma de U, L, I, etc.
▮ **Modulares.** En cada uno de ellos se presenta una gama de alimentos con similares características (bebidas, embutidos, pastas, postres, etc.).

Según el mobiliario empleado en el montaje

Se pueden encontrar:

▮ Mesa /mesas
▮ Fijo
▮ Módulos
▮ Islas
▮ Móvil
▮ Gran bufé

El mobiliario utilizado en el montaje del bufé debe garantizar una correcta temperatura de los alimentos expuestos, siendo fundamental dotarlo con sistemas de frío y calor.

Según el grado de equipamiento

Según el grado de equipamiento se diferencia entre:

- **No equipados.** Cuentan simplemente con una superficie vestida sobre la que se exponen los géneros a servir. Por sus características, este tipo de bufé no es utilizado en la actualidad, debido a los riesgos alimentarios que supone. Así, solo se utiliza en casos excepcionales, para montajes específicos, con un periodo de exposición muy corto.
- **Equipados.** Se trata de muebles para bufés dotados de equipos de frío y calor, que permiten la regulación de la temperatura específica del producto expuesto. Además, pueden estar dotados de dispositivos que eviten la contaminación de los alimentos por parte del comensal, siendo habitual el uso de chorros o columnas de aire y los dispositivos de lavado continuo.

Según el estilo de decoración y presentación de los alimentos

Se diferencian entre:

- De exposición (bodegón)
- Clásico o tradicional

▌ Neorestauración o actualizado
▌ Temático

Según el grado de servicio

Se pueden encontrar:

▌ **No asistido.** Es el propio cliente el que se sirve (autoservicio), aunque siempre habrá un mínimo de servicio reponiendo géneros, desbarasando y montando las mesas o ayudando a algún cliente a resolver alguna duda.
▌ **Asistido.** Durante el servicio hay personal que, además de atender las funciones mencionadas anteriormente, ayuda a emplatar, racionar, trinchar, a dar servicio de bebidas en mesa, etc.

Bufé asistido

Según la dinámica del servicio

En esta clasificación se encuentran:

▌ Sentado
▌ Cóctel

Identificación de elaboraciones

Las elaboraciones culinarias se pueden presentar en un bufé son muchas y muy variadas. No existen ningún grupo de alimentos que no pueda estar representado: bebidas, sopas, cremas, verduras, ensaladas, huevos, pastas, arroces, carnes, pescados, postres, etc.

Como es lógico, el tipo de elaboración dependerá del tipo de bufé, del equipamiento disponible en el establecimiento y de la profesionalidad e imaginación del personal de cocina.

Productos y elaboraciones frías		Productos y elaboraciones calientes	
Desayuno	Almuerzo o comida / cena	Desayuno	Almuerzo o comida / cena
Leche, zumos, batidos, vinos, charcutería, cereales pastelería, bollería variada, frutas (natural, compota, macedonia), yogures, quesos...	Ensaladas, cremas frías (gazpacho, *vichyssoise*, ajo blanco...), pasteles de verduras, huevos (duros, rellenos, escalfados), pescados y mariscos (bellavista, turbantes, cocidos), carnes (galantinas, *roast-beef*, balotina), empanadas, guarniciones y salsas correspondientes, pastelería, frutas (naturales, compota, macedonia), yogures, flan, pudding, arroz con leche...	Tostadas, revueltos, salchichas, tortitas, sándwich, café, leche, cacao, infusiones...	Cremas (ave, marisco, verduras), arroces (paellas y *rizzotos)*, pastas, verduras (en pastel y rellenas), carnes *(roast-beef,* solomillo Wellington, barón, silla, redondo de ternera), pescados *(pudding,* glaseados, en salsa), guarniciones y salsas correspondientes...

Elaboraciones más empleadas en bufé.

Planificación de bufés

Ante todo, debe existir una adecuada conexión entre los departamentos de cocina y sala, ya que son los más implicados en la planificación, montaje, preparación y presentación del bufé. Con ello evitaremos que se omita ningún detalle y se organicen adecuadamente todos los elementos necesarios para un posterior servicio correcto y de calidad.

El primer paso es la comunicación, por parte del departamento de cocina al de comedor, de la información imprescindible para poder realizar una puesta a punto precisa a las características del servicio, como:

- Elaboraciones y productos que conforman la oferta gastronómica.
- Recipientes (platos, fuentes, bandejas, etc.), donde se presentarán cada uno de los géneros.
- Número de raciones por recipiente.
- Número de recipientes para ubicar en el bufé y de los que se dispondrán para las reposiciones.

A partir de estos datos, se planifican todas las tareas de preservicio:

- Ubicación, distribución y tamaño del bufé.
- Tipo de servicio a realizar.
- Agrupamiento y colocación de los artículos.
- Complementos y decoraciones del entorno (bufé, mesas, etc.).
- Material necesario (vajilla, cubertería, cristalería, lencería, equipos, etc.).

 Consejo

Se recomienda, y es de gran utilidad, que toda información quede plasmada documentalmente, para ello se rellenan unas fichas y ordenes de trabajo. Una vez esté cumplimentada la documentación necesaria, se procede a realizar la puesta a punto y el montaje.

Las fases y tareas de la puesta a punto son iguales a las de un servicio tradicional, exceptuando las posibles variaciones que pudieran producirse por las características específicas del servicio tipo bufé, como pueden ser el uso de la maquinaria precisa, equipos y útiles propios de la tipología del servicio o el número de componentes de la brigada.

En cuanto al montaje, habría que diferenciar según se proceda a ejecutarlo sobre mesas vestidas para tal fin o en muebles bufé. También pueden existir diferencias si el bufé es asistido o no, pero las pautas más significativas son:

Mesas vestidas para bufés

La mesa o mesas que compongan el bufé deben ubicarse estratégicamente para que sean visibles, por parte de los clientes, desde cualquier punto del comedor. De no ser posible, por columnas u otros obstáculos que imposibiliten su visión, se procurará que sea el mayor número de comensales los que las divisen desde sus mesas.

Una vez colocado el esqueleto, se visten con tiras, manteles o faldones, siendo la caída hasta el suelo pero sin arrastrar, para cubrir las patas de las mesas. Los manteles o cubres se comenzarán a poner desde la zona más alejada a la entrada de clientes al comedor, para evitar así que se vean escalones formados al montarse un mantel sobre otro. En el caso de no disponer de faldones sujetados con velcro se deberán realizar con manteles o tiras las petacas necesarias para que la mesa quede cubierta por completo, según el tipo de bufé que se trate.

 Definición

Petaca
Consiste en un doblez especial, que se realiza con manteles o tiras, sobre las esquinas de las mesas bufé para que estas queden cubiertas hasta el suelo por todo el contorno necesario.

Ejemplo del montaje de una mesa bufé combinando faldones y manteles.

Se designan los espacios que corresponderán a cada género y, en su caso, al material necesario para su servicio. Se pueden establecer diferentes alturas, de forma que se realcen las elaboraciones o productos que más nos interese que los clientes vean o consuman.

Tanto para aprovechar el espacio de exposición como para facilitar el proceso de servicio del comensal, es común el uso de dispositivos que aportarán distintas alturas a la mesa o islas de servicio.

Los alimentos saldrán de cocina en el último momento y se distribuirán en un orden lógico de consumo y por grupos afines: ensaladas y entrantes fríos, arroces, pescado, carnes, etc. Además, es usual situar un pequeño cartel al lado de cada preparación indicando el nombre de la elaboración o producto con el objeto de informar y orientar al comensal, detalle que suelen agradecer, al mismo tiempo que evita preguntas innecesarias que entorpecen el trabajo del personal.

 Recuerde

Una ventaja del bufé es la rapidez en el servicio y la utilización de una brigada reducida.

Muebles bufé

Las nuevas tendencias y los avances tecnológicos han originado que los muebles para bufés hayan evolucionado enormemente en muchos aspectos como en el diseño, seguridad, funcionalidad, higiene, etc.

En multitud de establecimientos, mayoritariamente hoteles, el bufé se concibe como el sistema de trabajo principal, por lo que se invierte en mobiliario y materiales específicos para este modelo de servicio.

Debido a las características propias de este tipo de mobiliario, resultan una serie de desigualdades a la hora de la planificación y preparación de los servicios de bufés. Estas se pueden resumir en los siguientes puntos:

- No es necesario vestir las mesas destinadas para el bufé, los muebles destinados a tal fin poseen diseños atractivos.
- La distribución y ubicación de los manjares es más rápida y cómoda, disponen de emplazamientos o compartimentos acondicionados.

▮ Las elaboraciones y productos pueden ser trasladados y distribuidos con anterioridad, gracias a unos sistemas que permiten mantener los alimentos en óptimas condiciones de consumo (temperatura, humedad, higiene, etc.).

▮ Se evita, en gran medida, el tiempo y la mano de obra empleados en la ornamentación del bufé. Debido a la gran variedad de modelos y formatos que existen en el mercado, cada establecimiento puede equiparse con el tipo que mejor se adapte a sus necesidades y peculiaridades (grandes bufés, islas, *show cooking,* mixtos, etc.).

▮ Facilitan el servicio e incluso la elaboración a la vista del cliente, debido a sus diseños y formatos.

Muebles bufé de última generación.

Volviendo al tema de la planificación de bufés, a la hora de distribuir y ubicar los complementos decorativos, se deben tener en cuenta algunos aspectos como:

▮ Que sean realmente complementarios.

▮ Que ayuden a mejorar el aspecto visual de las elaboraciones y productos.

▮ Que no requiera demasiado trabajo su colocación.

▮ Que no dificulten el servicio.

▮ Que sea novedoso u original.

▮ Que vaya en consonancia, no recargue en exceso o, por el contrario, sea insuficiente y quede desamparado o extravagante.

Se emplazan los materiales imprescindibles para el servicio (platos, pinzas, cubiertos, etc.) de manera que, al lado o próximo a los géneros, se dispongan los útiles adecuados para su emplatado y servicio.

Se monta el mobiliario auxiliar y los equipos y maquinaria complementarios que se necesiten para un desarrollo eficaz del servicio.

Y por último, se abastece el bufé, transportando los artículos desde la cocina y distribuyéndolos de la forma establecida. Esta operación se realiza minutos antes de abrir las puertas al público. Los alimentos irán presentando en los recipientes acordados.

En los bufés se deben diferenciar tres niveles de presentación:

- **Nivel 1.** Se refiere al conjunto del bufé completo. Debe ser atrayente, que al cliente le impacte desde el primer momento en que lo divisa. Para ello, debe estar bien iluminado, con formas y elementos decorativos de colores atractivos.
- **Nivel 2.** Son las subzonas en las que se divide el bufé, apreciables claramente por exhibir los géneros de los diferentes grupos o temas (postres, arroces, ensaladas, etc.).
- **Nivel 3.** Muestra el producto o elaboración individual dentro de su zona. Deben presentarse atendiendo a una serie de normas elementales:

  - En recipientes adecuados para que mantengan su temperatura de consumo.
  - Estético y visualmente atractivo.
  - Adaptarse a la estructura y dimensiones del bufé.
  - Limpio e higiénico, dando esa sensación en todo momento.
  - Dar impresión de abundancia.
  - De fácil transporte y servicio.

La utilización de menaje específico, junto con la decoración a base de productos alimentarios, son la base de decoración de todo bufé, siendo la búsqueda de sencillez y limpieza la tónica más perseguida en la actualidad.

Servicio de bufés

El servicio de este tipo de actos dependerá de si se trata de un bufé-sentado o un bufé-cóctel.

Bufé sentado

Se montan las mesas cerca o alrededor del bufé. Desde ellas, el cliente se levanta y se sirve cuantas veces quiera, los alimentos expuestos y, a veces, también las bebidas que desean tomar.

El bufé puede ser asistido, es el caso en el que los camareros ayudan a servirse al cliente, racionar y/o preparar elaboraciones y en algunos casos a realizar el servicio de bebidas; o no asistido, en este caso, el camarero se limita al desbarasado y montaje de mesas, así como a reponer en el bufé los géneros que se vayan consumiendo.

También podemos encontrarnos servicios en los que la carta y el bufé se mezclan, por ejemplo, el cliente toma los entrantes y los postres de un bufé, pero para los segundos se les toma nota de la carta.

Nota

Normalmente, el servicio de bebidas lo realiza el camarero, porque se suelen abonan aparte, salvo en los desayunos, donde es más usual que el propio cliente sea el que se dispense todos los alimentos, incluidos los líquidos.

Bufé-cóctel

Se trata de un servicio mixto. El evento se realiza de pie y se montan en la sala pequeños bufés (puntos) desde los cuales se ofrece alguna elaboración, que se trincha, emplata o incluso elabora al momento por parte de la brigada de cocina o comedor. El resto de la oferta gastronómica es ofrecida en bandejas.

Para este tipo de servicio hay que prever el montaje de mesas de apoyo, distribuidas por la sala, donde puedan depositar los clientes vasos y platos.

La presentación de un bufé tipo cóctel deberá presentar piezas de pequeño tamaño y servicio, teniendo presente que el consumidor las tomará de pie.

Aplicación práctica

En un establecimiento de restauración, del cual es usted propietario, se decide ofertar desayunos en formato de bufé, para adaptar este tipo de servicio a las necesidades y exigencias de la clientela habitual. Como hasta ahora no había realizado ningún servicio con estas características, debe confeccionar un documento donde se plasmen los productos a ofertar y la distribución de cada uno de ellos.

SOLUCIÓN

Una posible solución a esta aplicación podría ser la siguiente:

Relación de productos a ofertar en el servicio de desayunos tipo bufé:

▌ Bebidas frías:

- ▌ Leche (cereales)
- ▌ Aguas minerales (con gas y sin gas)
- ▌ Zumos (naranja, piña, melocotón)
- ▌ Batidos embotellados (chocolate, vainilla, fresa)

▌ Bebidas calientes:

- ▌ Café
- ▌ Descafeinado (expreso y soluble)
- ▌ Chocolate
- ▌ Cacao (estuche individual)
- ▌ Leche
- ▌ Infusiones (tés variados, roibos y tisanas)

▌ Productos / elaboraciones (dulces y salados).

- ▌ Tartas (chocolate, queso y frambuesa, manzana)
- ▌ *Donuts*
- ▌ Bollo suizo
- ▌ Brioche
- ▌ Palmera
- ▌ Magdalena
- ▌ *Croissant*
- ▌ Tortitas americanas
- ▌ Salchichas

Continúa en página siguiente >>

<< Viene de página anterior

- *Beicon*
- Huevos (tortilla, revuelto, pasado por agua)
- Panes (para tostadas): blanco, moreno, integral, inglés, etc.
- Cereales *(cornk flake*, crisspis, muesli)
- Fiambre (York y salami)
- Tomate (rayado y en rodajas)
- Mantequilla
- Sobrasada
- Mermeladas (fresa, melocotón, ciruela, naranja amarga)
- Miel
- Paté de campaña
- Aceite de oliva
- Quesos variados
- Macedonia de frutas
- Fruta natural variada de temporada
- Yogures

 Nota

La distribución de las mesas, islas o expositores utilizados en la exposición de las preparaciones culinarias deberá facilitar el autoservicio, situándose en un lugar destacado y accesible, que respete la correcta higiene y aseguramiento de calidad.

En los siguientes gráficos, se puede ver una distribución lógica de los productos y elaboraciones que se ofertarán en el bufé de desayunos, así como la ubicación de los distintos módulos o bufés en instalaciones del establecimiento.

REPRESENTACIÓN GRÁFICA DE DISTRIBUCIÓN DE PRODUCTOS Y ELABORACIÓN EN EL BUFÉ PRINCIPAL

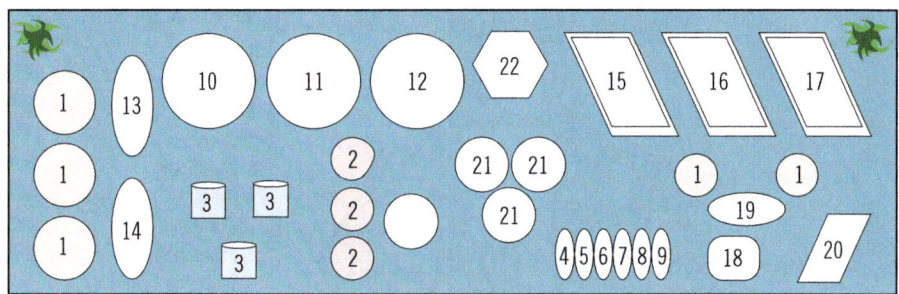

Bufé principal

1. Platos	9. Aceite de oliva	17. Huevos
2. Boles	10. Frutas naturales	18. Tomate en rodajas
3. Cereales	11. Macedonia de frutas	19. Tomate rayado
4. Mantequilla	12. Yogures	20. Tortitas americanas
5. Sobrasada	13. Fiambre	21. Tartas
6. mermelada	14. Quesos	22. Decoración central
7. Miel	15. Salchichas	
8. Paté de campaña	16. Beicon	

Importante

A la hora de planificar la ubicación idónea de un bufé se debe tener en cuenta algunos factores fundamentales como:

- Debe estar situado en una posición que se visualice desde toda la sala, en caso de no ser posible, en la zona que lo vean el mayor número de clientes.
- No disponerlo en lugares que puedan obstaculizar el paso principal de clientes o personal de servicio (entrada al restaurante, salida de emergencia, paso al *office,* etc.).
- Colocarlo en espacios que la aglomeración de clientes, durante la espera para ser atendidos o por el tiempo dedicado en el autoservicio, no sea un incordio para el normal desarrollo del servicio.
- En caso de ser posible, distribuir en varios puntos, con elaboraciones afines, la oferta gastronómica para agilizar el transcurso del trabajo a realizar.

REPRESENTACIÓN GRÁFICA DE DISTRIBUCIÓN DE PRODUCTOS Y ELABORACIÓN EN EL BUFÉ TIPO ISLA

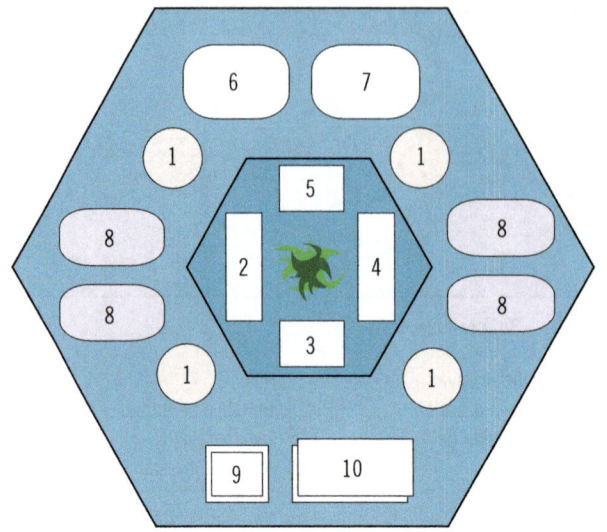

Bufé central

1. Platos
2. Magdalenas
3. *Donut*
4. *Brioche*
5. Bollo Suizo
6. Palmera
7. *Croissant*
8. Panes variados
9. Tabla y cuchillo
10. Tostador

REPRESENTACIÓN GRÁFICA DE DISTRIBUCIÓN DE ELEMENTOS EN LAS INSTALACIONES DEL ESTABLECIMIENTO PARA EL SERVICIO DE BUFÉ DE DESAYUNO

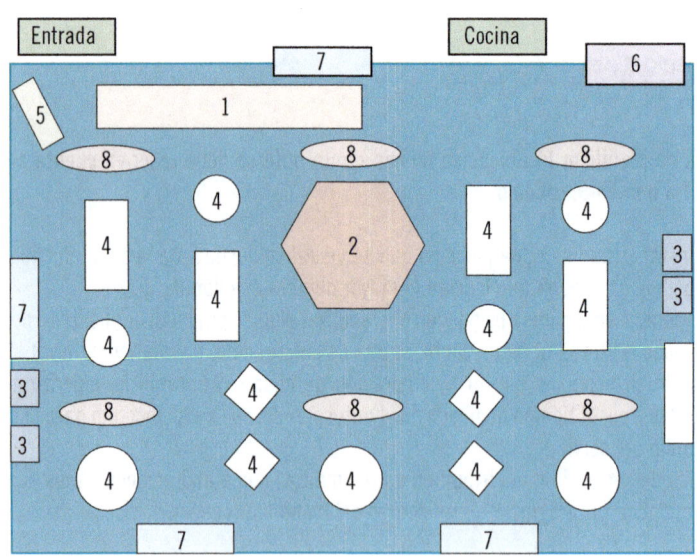

Claves

1. Bufé principal
2. Bufé central tipo isla
3. Máquinas bebidas
4. Mesas
5. Recepción
6. Armario Lencería
7. Aparadores
8. Columnas

Self-service

Denominado también autoservicio, consiste en distribuir los alimentos en mostradores lineales, equipados para la perfecta conservación de los mismos y cada uno con un precio individual. El cliente se sirve o solicita los alimentos que le apetecen, de entre los ofertados.

Es un sistema de distribución de comidas muy adecuado para colectividades y establecimientos con clientela cautiva (estaciones de transporte, centros hospitalarios, etc.).

Este sistema es común en la oferta de centros con clientela cautiva como hospitales, centros de trabajo, etc., pudiendo o no estar asistido.

Al igual que el bufé, puede estar asistido o no y la configuración puede ser lineal o de forma que permita una libre circulación *(free-flow)* de los clientes.

Generalmente, el *self-service* se diferencia del bufé por:

- Su composición es más reducida y cada plato lleva su precio, salvo excepciones, en los que se ofrece un menú a precio cerrado, debiendo elegir de los distintos grupos (entrantes, plato principal y postre) un plato de cada.
- El comensal debe aprovisionarse de todos los enseres (cubiertos, cristalería, servilleta, etc.) y los alimentos que seleccione. Para ello, se auxilia con una bandeja. En las mesas no suele haber ningún utensilio montado.
- Al final del recorrido o en la salida de la zona de recepción de géneros se ubica la caja, donde el cliente debe abonar los artículos escogidos.
- Las personas que utilizan este tipo de servicio son, en algunos casos, las mismas que depositan las bandejas utilizadas en carros o muebles destinados para tal fin.

A la salida se encontrará el control de caja, donde se cobrarán los productos o elaboraciones elegidas.

El mostrador se compone de varias zonas como:

- Zona de recogida de bandejas, platos, cubiertos, pan y servilletas.
- Zona de primeros platos fríos y calientes.
- Zona de segundos platos.
- Zona de postres.
- Zona de bebidas frías y calientes.
- Caja.

 Recuerde

La oferta de *self-service* supone una opción de servicio muy adecuada para colectividades cautivas.

Diseño tipo de un self-service lineal

7. Resumen

En los establecimientos de restauración se realizan una serie de actividades previas al servicio a los clientes, las operaciones de preservicio. En el argot hostelero estas tareas se conocen como "puesta a punto", aunque también la expresión francesa "mise en place" se emplea para designar todas aquellas tareas o trabajos para preparar y disponer todos los elementos necesarios para el posterior servicio.

Este proceso, aunque sencillo, es de vital importancia en las empresas de restauración ya que nos permiten poner a punto toda la maquinaria, mobiliario, útiles y géneros necesarios para la correcta prestación del servicio.

Un bufé es un tipo de servicio en el que los alimentos se disponen en una o varias mesas acondicionadas para la ocasión, de las cuales los clientes se sirven a discreción los alimentos que les apetezcan.

Ejercicios de repaso y autoevaluación

1. Las fases a realizar en una puesta a punto son, por orden de actuación, las siguientes:

    a. Organizadora, planificadora y mecánica.
    b. Planificadora, ejecutiva y supervisora.
    c. Planificadora, supervisora y ejecutiva.
    d. Organizadora, mecánica y ejecutiva.

2. El economato debe estar situado cerca de la zona de producción y de la de recepción, así se evitan grandes desplazamientos pero, ¿qué productos son los que se guardan habitualmente?

    a. Alimentos no perecederos
    b. Alimentos perecederos
    c. Lencería y materiales varios
    d. Productos de limpieza

3. ¿Qué documento se utiliza, normalmente, al retirar los géneros de economato para realizar las reposiciones?

    a. El albarán.
    b. La factura.
    c. El vale u hoja de pedido.
    d. Todas las opciones son correctas.

4. ¿Qué factores se deben tener en cuenta a la hora de realizar las reposiciones de artículos?

    a. Se dispondrán de forma que sean legibles las etiquetas para favorecer su identificación.
    b. La organización se hará de tal manera que facilite y garantice la rotación.
    c. Las distribuciones hará de forma ordenada, por familias y tipos.
    d. Todas las opciones son correctas.

5. En el montaje de mesas se debe tener en cuenta que...

a. ... la alineación y distribución de las mesas sea correcta.
b. ... el espacio entre mesas sea suficiente.
c. ... las mesas estén calzadas adecuadamente.
d. Todas las opciones son correctas.

6. El montaje de una mesa para un menú concertado se caracteriza por:

a. Ubicar el plato de pan a la derecha de los comensales.
b. Colocar solo las copas de agua y vino.
c. Disponer todos los cubiertos necesarios para la comida.
d. Todas las opciones son correctas.

7. ¿Qué ventajas ofrece el servicio tipo bufé?

a. Rapidez en el servicio y menor número de personal.
b. El rendimiento de las materias primas es menor pero se consume menos.
c. No tiene mucha aceptación entre los clientes pero es barato.
d. Todas las opciones son correctas.

8. Los bufé se clasifican, en función al grado de servicio, en...

a. ... equipados o no equipados.
b. ... asistidos o no asistidos.
c. ... en bloque o modulares.
d. ... temático o general.

9. Los productos y elaboraciones que se ofertan en un bufé deben cumplir una serie de pautas como...

a. ... trasladarlos al bufé con bastante antelación para evitar que no estén colocados cuando entren los clientes.
b. ... ubicarlos en el orden en que vayan saliendo de cocina para no dejar huecos vacíos.
c. ... distribuirlos en un orden lógico de consumo y por grupos afines.
d. Todas las opciones son correctas.

10. Los *self-service* son:

a. Conocidos también como autoservicio.
b. Un sistema de distribución de comidas muy adecuado para colectividades y establecimientos con clientela cautiva.
c. Servicios que pueden estar configurados en línea o con formato *free-flow*.
d. Todas las opciones son correctas.

Bibliografía

Monografías

❚ CABEZA Corredera, I.: *Ofertas gastronómicas sencillas y sistemas de aprovisionamiento.* Antequera: IC Editorial, 2021.

❚ CARO Sánchez-Lafuente, A.: *Manipulación de alimentos de alto riesgo.* Antequera: IC Editorial, 2023.

❚ CARO Sánchez-Lafuente, A.: *Servicio en Restaurante y Bares.* Antequera: IC Editorial, 2020.

❚ CARO Sánchez-Lafuente, A.: *Sistemas de aprovisionamiento y mise en place en el restaurante.* Antequera: IC Editorial, 2021.

❚ MARTÍNEZ Sánchez, G.: *Facturación y cierre de actividad en restaurante.* Antequera: IC Editorial, 2022.

❚ RUÍZ Vázquez, J. A.: *Técnicas de servicio de alimentos y bebidas en barra y mesa.* Antequera: IC Editorial, 2018.

❚ VV. AA.: *Atención al cliente y calidad en el servicio.* Antequera: IC Editorial, 2019.

❚ VV. AA.: *Larousse gastronomique.* Madrid: Larousse, 2019.

❚ VV. AA.: *Seguridad e higiene y protección ambiental en hostelería.* Antequera: IC Editorial, 2021.

Textos electrónicos, bases de datos y programas informáticos

❚ FEADRS (Federación Española de Asociaciones dedicadas a la Restauración Social), de: https://www.mapa.gob.es/app/publicaciones/art_lista.asp?autor=Federaci%F3n+Espa%F1ola+de+Asociaciones+Dedicadas+a+la+Restauraci%F3n+Social+%28Feadrs%29&tipo=autor

❚ Eroski Consumer, de: <http://www.consumer.es >

❚ Protocolo.org, de: <http://www.protocolo.org>